# 日本一稼ぐ
# 弁護士の
# 最強メンタル

福永活也

清談社
Publico

# はじめに

## 成功に導く行動原理とは

僕は、現在43歳だが、これまでの生涯年収は資産管理会社分も入れて約30億円で、純資産は約10億円を保有している。

ただ、友人の中には創業した会社を上場させ、資産として100億円を超すような人が何人もおり、僕だけが特別稼いできたという感覚はない。いわば小物界の大物くらいの自己認識だ。

それでも、日本人の平均的な生涯年収の10倍程度をすでに稼げているというのは、僕なりに何某《なにがし》かの素養があったのかもしれない。

もしそうだとすれば、**圧倒的な行動力とスピード**だと自負している。

あるいは、ただの運かもしれない。

しかし、運だとすれば、結局、どれだけ打席に多く立つかが大切になる。人によって成功確率に大きな差がないのであれば、**より多くトライした方が結果に繋《つな》がる。**

宝くじを1枚買う人と100枚買う人では、合計したら当たる可能性が高くなるのと同じだ。

宝くじと異なるのは、トライの数に上限があるわけではなく、自分のやる気次第でいくらでもチャンスを増やせるところだ。

いずれにしても、行動力とスピードが何より大切だと思っている。

**運が良い人とは、行動力とスピードにより、少しでも多くの機会を増やした人のことを意味するのだと思う。**

以前、『日本一稼ぐ弁護士の仕事術』（クロスメディア・パブリッシング）という本を出版させていただいたことがあったが、これは「べき論」のような僕の意見や考えを普遍的にお話しすることを中心とする本であった。なぜなら、僕の行動原理やマインドセットをある程度抽象化させることで再現性を持ってお話ししたかったからだ。そのため、本書と伝えたい結論は同じであるが、実際に何をしてきたかの具体的なイメージが湧きにくかったかもしれない。

そのため、今回はなるべく事実、エピソードを多く記載するように努めた。

その分、再現性は乏しくなり、全てが参考になるはずもなく、人によってはそんなことはできない、意味がないと感じるものも多数含まれていると思う。

なので、**読者においてエピソードを抽象化しつつ、真似《まね》する価値のあるところは利用し、使えないところは読み捨てていただければと思う。**

小物界の大物であるがゆえに、誰でも真似できることが多分に含まれているはずだ。

本来、今の僕を作るにあたり、幼少期や学生時代の過ごし方も非常に重要だが、いきなり僕のパーソナリティーに踏み込み過ぎた話をしても面白くないので、まず僕が弁護士1年目から現在に至るまで、どのように仕事や業務や様々な活動をこなしていったかを順にお話ししたいと思う。

弁護士というだけで、何をするにしても有利だと思う人もいるかもしれない。

しかし、同じ弁護士でも口だけ立派で、実際には大した仕事もできておらず、貧弁《ひんべん》といわれるような人もたくさんいる。

本書は言いようによってはただの自伝に過ぎないし、しかもそれを自分で修飾的に描くという何とも自惚《うぬぼ》れたありさまであるが、むしろ開き直ってそれほど自己肯定感を高めてこられた過程をお話ししていくつもりだ。

しかし、最もお伝えしたいことは、仕事もプライベートも全ては人生における楽しみや幸せを感じられることを増やすための手段に過ぎないということだ。

成功という言葉があると、一般には経済的な成功や社会的な成功をイメージしがちであるが、**最も大切なのは「幸せ」を「成す」という意味で「成幸《せいこう》」ではないかと思う。**

僕はこの「成幸」を常に意識して大切にしてきたので、本書においても、僕が様々なことに挑戦していく過程で、結局は楽しんで、面白いと感じ、幸せを享受していることをお話ししていきたいと思う。

なお、本書に登場する案件（事件）や依頼者については、それぞれ案件内容を語ることについて同意を得ているものか、そうでなければ案件内容を変えたり抽象化したりして記載している。また、過去の出来事について、逐一ソースを振り返らずに記憶で書いている箇所も多いため、若干事実関係が真実と異なる場合もあることをご容赦いただきたい。

人生を前向きに歩んでいきたい人のわずかな一助となることを願って、僕が全文を自分で書いた。ＡＩ（人工知能）で日本語を修正したものとも見比べたが、敢《あ》えて感情的な表現等も情報として盛り込みたいと思い、原文のままにしている。誰かを少しでも勇気づけるきっかけとなってくれたら幸いだ。

日本一稼ぐ弁護士の最強メンタル
お金と自由を手に入れて人生を劇的に変える方法

CONTENTS



第1章

# ハードワークのすゝめ

——北浜法律事務所に就職

弁護士1年目
［2010年、29～30歳］
年収1200万円

# 第2章

# 飛躍するチャンスをつかむマインドセット

## ――先輩弁護士から学んだ教え

弁護士2年目
［2011年、30〜31歳］
年収1300万円

専門性とは深い知識や幅広い経験だけではない …… 59
どんな理由であっても他人との約束を破る場合には誠実に対応する …… 61
現在所属している業界に感謝する …… 63
社会の出来事からチャンスを感じ取る …… 65
日々の努力の積み重ねが大きなチャンスを与えてくれる …… 68

第3章

# 新たな職場でも自分のペースで今に最大限熱中する

――株式会社東日本大震災事業者再生支援機構への出向

弁護士3年目
［2012年、31～32歳］
年収1850万円

東日本大震災の被災者支援に取り組み始める …… 72
楽しみの先送りをしない …… 76

# 第4章

# 前代未聞の原発事故問題に真正面からぶつかる

## ――放射能汚染による風評被害との戦い

弁護士4年目
［2013年、32〜33歳］
年収5350万円

# 第5章

# 自分の人生を自分のために使う覚悟を持つ

――さらなる飛躍のために独立

弁護士5年目
［2014年、33～34歳］
年収6億1500万円
課税所得5億7600万円

# 第6章

# 一つの成功に甘んじず、新しい挑戦を探し続ける

――冒険家グランドスラムや芸能界にも挑戦

弁護士6年目
［2015年、34～35歳］
年収6億6700万円
課税所得5億4100万円

# 第7章

# 自然が支配する世界で学んだメンタル術

——世界七大陸最高峰に次々と挑戦

弁護士7年目
［2016年、35〜36歳］
年収3億5800万円
課税所得2億1300万円

第8章

# 興味を持ったことには次々と挑戦していく

——人狼ゲーム店舗やモデル事務所を経営

弁護士8年目
［2017年、36〜37歳］
年収2億2400万円
課税所得1億3600万円

第9章

# 世界最高峰エベレスト(8848m)に挑むメンタル術

——ついに世界最高峰の頂に立つ

弁護士9年目
[2018年、37〜38歳]
年収1億700万円
課税所得3000万円

# 第10章

# 新しい事業アイデアの実現

## ――世界七大陸最高峰を制覇、作家デビュー

弁護士10年目
［2019年、38～39歳］
年収7200万円

# 第11章

# いかがわしさを許容する生き方

## ――誹謗中傷との戦い

弁護士11年目
［2020年、39～40歳］
年収7400万円

# 第12章

# 前澤友作さんの「小さな一歩」への参加

## ――ひとり親支援への取り組み

弁護士12年目
［2021年、40〜41歳］
年収1億3000万円

## 第13章

# 組織作りで味わった挫折と懺悔《ざんげ》
## ――ひとり親支援の終了と再び趣味への没頭

弁護士13年目
［2022年、41〜42歳］
年収1億6700万円

# 第14章

# 挑戦し続けることで生まれる行動力

## ――再びヒマラヤ登山に挑戦

弁護士14年目
［2023年、42～43歳］
年収3600万円

第15章

# 面白そうなことには片っ端から挑戦してみよう

――再び世界最高峰の頂と、選挙に挑戦



弁護士15年目
［2024年、43～44歳］

# 第16章

# 日本一稼ぐ弁護士の誕生まで

## ――フリーターだった僕が年収6億円を達成するまで

# 第17章

# 日本一稼ぐ弁護士の最強メンタル

## ——自分の活動を振り返って

# 第1章

# ハードワークのすゝめ

## ——北浜法律事務所に就職

弁護士1年目
［2010年、29～30歳］
年収1200万円

## 与えられた環境に精一杯感謝して自分ができることに尽力する

僕は、27歳で司法試験に合格した。

その後、司法修習（司法試験合格後の研修）を修了し、弁護士1年目を迎えたのは29歳だった。弁護士どころかまともに社会人になったのもこの年で、まだまだヒヨッコだ。

しかし、ここから4年後には年収6億円を超えることになるが、この時はそんなことは思いもよらず、地力をつけることだけに集中していた。

ただ、いきなり結果が出なくても、数年頑張れば大きな成果となって返ってくると漠然と思っていた。

僕が就職した法律事務所は、弁護士法人北浜《きたはま》法律事務所の東京オフィスだ。当時、事務所全体で弁護士数が90人前後で、弁護士の数だけで言えば全国で7番目に大きな事務所だった。

弁護士登録をしたのは、２００９年末だったが、正式に業務に携わったのは２０１０年1月からだ。

これからいろんな話をしていくが、お世話になった北浜法律事務所は、僕にとって最高の事務所だった。所員の方々には本当に言葉に尽くせない感謝をしている。北浜法律事務所以上の事務所は僕には存在し得なかったと確信している。

この結論は最初に申し上げておきたい。お話ししていく中では、一見ネガティブに感じる話もあるかもしれないが、それは何年も所属していた中では当然起きるようなものであって、全体として、本当に素晴らしいベストな事務所であったことは間違いない。

僕が北浜法律事務所に入所して最初の業務は「リサーチ」だった。当時パートナー弁護士（経営者側の弁護士のことをいい、雇われている側の弁護士をアソシエイトという）が執筆活動をしており、その中で出てくる法律上の論点に関する裁判例をリサーチするように言われた。会社法上の役員の法的責任の論点だったが、僕には1日半程度時間があったにもかかわらず、大した成果が出せなかった。

すると、そのパートナーからは「君の評価は元からそんなもんだから大丈夫」と言われた。文字にすると大したことがないように思えるが、入所して数日の僕にとって担当パートナーから冷笑されて言われたのは、十分ショックを受けるような出来事だったはずだ。

僕の同期の弁護士はこのパートナーから定期的に嫌味を言われ、1年が経《た》つ頃には病んでいき、パートナーとの関係は非常に悪化していたぐらいだった。

　しかし、僕は、環境を変えることはできないと覚悟していたし、**いかにこのパートナーから、そしてこの事務所から、自分にとってプラスになるものを得られるかしか考えていなかった。**そのため、多少傷つくことを言われようが、自分への評価が低かろうが、そこで自尊心が傷つけられたと悲しんでいる場合ではないと思っていた。むしろ、大先輩に勝てないのは当然なので、**できないものをできないと言われて、傷つく必要などないと思っていた。**それよりも何も言われなくなったら終わりだと考えていた。

　こんな風に思えるようになったのは、就職活動時からしっかりと自分の納得のいく事務所選択ができていたことも非常に大きい。

　今の自分をもうひと踏ん張りさせるのは、過去の自分がどのような覚悟で一つ一つの選択をしてきたかによる。

　就職活動時、僕は明確に志望条件を定めていた。

　大規模の法律事務所では、部門制や島制といって、所属メンバーは特定部門の業務に特化する体制を取っていることが多い。

　なぜなら、例えば5段階でオール4の人がどれだけ集まっても、5のレベルの業務はこなせないが、一つだけでも5の人が各部門に揃《そろ》っていれば、事務所全体としてはどの部門でも5のレベルの業務がこなせて強い事務所となるからだ。

その分、「総合」法律事務所と名乗っていても、個々の所属メンバーが総合的な業務に携わるわけではないことはよくある。

そのため、自分自身のキャリアとして多種多様で総合的な業務に携わりたければ、部門制が取られていない、あるいは、緩い部門制のみが取られている事務所を選んだ方が良いということになる。逆にスペシャリストとして極めたければ部門制のある事務所が良いが、知識、経験が偏るし、独立はしにくくなる。

また、弁護士が携わる案件は、事務所から与えられる案件（事務所案件といわれる）と、自分で独自に獲得する案件（個人案件といわれる）に区別されることがある。

事務所案件とは、固定給と引き換えに事務所から振られる案件であるが、これは事務所が以前から付き合いのあるクライアントの案件となるため、大企業を中心に比較的大型で継続性のある案件が多くなる。

他方、個人案件とは、弁護士になったばかりの若造である自分が獲得する案件であるから、法人ではない個人を中心に比較的小さい単発の案件が多くなる。そして、個人案件による利益は当該弁護士自身が得ることができる（ただし、事務所のインフラを利用することから、何割かを経費として納めることが多い）。

僕は、就職活動の時点で独立を考えていたわけではないが、選択の幅を広げられるようにジェネラリスト志向で、また、事務所案件だけでなく、個人案件も扱い、自分のクライアントを獲得していきたいと思っていた。

以上を総合して、僕は、部門制が取られておらず、かつ、個人案件が可能な事務所という志望条件を設定し、その上で、事務所の規模が大きいに越したことがないと思っていた。

そして、上記の条件を満たし、かつ、当時最も大きい規模の事務所が北浜法律事務所だったのだ。

話を戻すと、僕は、入所早々、担当パートナーから厳しい評価を下されたが、その後も定期的に蔑むかのような扱いを受けることがあった。

しかし、**僕にとっては最高の事務所であり、最高の先輩であると考えるようにしていた。**

就職活動時に業界リサーチはしていたし、このパートナーがいかに素晴らしい実績を上げてきて、いかに能力の高い先生であるかは知っている。

仮に野球少年がイチロー選手や大谷翔平《おおたにしょうへい》選手から厳しいことを言われても、少しでも教えを請おうとするだろうが、僕にとってこの先生は憧れるスポーツ選手と同じだ。多少傷つきそうな言葉を言われたところで、嫌いになるはずがない。

これは洗脳ではない。洗脳とは他者から支配されることだ。僕の場合は、自分で自分に言い聞かせることで、モチベーションを維持していたに過ぎない。これはあくまでも自己コントロールでありマインドセットだ。

事務所内で、ほかのアソシエイトの多くは、このパートナーのことを苦手としており、あまり接触しないようにしていた。

しかし、**僕からすれば、少し言葉がきついスター選手だ。僕は対等に話し合えるほどの知識や理解は持ち合わせていなかったが、せめて少しでも近くでその先生が何を考えているのか、どういう仕事をしているのかを肌で感じたいと思っていた。**

だから、例えばみんなで食事に行く時（多くの法律事務所では、パートナーとアソシエイトが一緒にランチに行く習慣がある）、ほかのアソシエイトはアソシエイト同士で固まり、パートナーとは極力離れた席に座ろうとしていたが、僕は、みんなで店に移動している際もこっそりパートナーの近くをキープし、店内に入るやパートナーの近くに座るようにしていた。直接話すことができなくても、少なくともパートナーの会話が聞ける位置ばかりを取るようにしていた。

また、パートナーからクライアントとの打ち合わせに呼ばれた場合は、自分なりに毎回疑問点をいくつかピックアップし、後で自分なりに調べて考えてみたり、直接質問しに行ったりしていた。パートナーとクライアントの話は、入所したばかりの僕にはチンプンカンプンであったが、せめて主体的に打ち合わせに参加したかったからである。

これで実力がついたとは思わないし、当時の北浜法律事務所の先輩方に聞いても、僕の評価は芳しくないと思うが、自分自身の仕事に対する覚悟だけは日々高まっていった。

**僕が少しでもパートナーの近くにいるようにしていると、このパートナーからすると、ほかのアソシエイトと違って、なぜか自然と近くにいるアソシエイトとなり、少しは可愛《かわい》がってくれるようになる。**仕事を教えてもらう機会が少しずつ増えていくようになった。

余談だが、僕は先輩やクライアントと食事に行き、自分のオーダーをする時は、一番早く出てきそうなものを頼んでいた。

先輩達が食べ終わっているのに、自分のせいで待たせることがあってはならないからだ。

たった一度だけ、地方出張の際に地元の名物料理を頼んだら出てくるのに凄《すご》く時間がかかり、パートナーよりも食べ終わるのが遅かったのを今でも覚えているくらいだ。

僕は仕事に来ているのであって、遊びに来ているわけではない。

こういう姿勢は体育会系で兵隊のようだと思われるかもしれない。

しかし、**先輩との関係性を良好にするのは、組織のためでも先輩のためでもなく、自分のためであるから当然だ。**

また、日頃持つべき意識としては、経営者意識を必ず持ち続けるようにしていた。

例えば、事務所案件では、1年目の弁護士であっても、移動の際にはタクシーや新幹線のグリーン車を使うことが許されていた。しかし、大して役に立たない1年目の弁護士がそんな高コストの移動手段を使うべきではないと思っていた。

だから僕は、優等生振るわけではなく、タクシーは基本的に利用せず、新幹線移動の際も先輩弁護士には内緒でこっそり事務員にお願いして、自由席を取ってもらっていた。

このように、**自分なりの意識を持ち続け、自分が選んだ法律事務所において一心不乱に精一杯事務所のために尽くすと同時に自分の地力を高めるべく前だけを向き続けるようにしていた。**

もちろん、クライアント、事務所や先輩に対して、リスペクトと感謝の気持ちを忘れたことは一度もなかった。

## 仕事の対価は報酬と経験である

当時の北浜法律事務所の年俸は、1年目で850万円くらいだったと記憶している。

アソシエイトの年俸は、事務所内でこなす仕事量や業務時間が増えても基本的に変動することはない固定給だ。

しかし、**仕事の対価とは、「報酬だけでなく経験でもある」と僕は考えていた。**

これはユニクロの柳井《やない》正《ただし》さんが創業時にバイブルとしていた『プロフェッショナルマネジャー』（ハロルド・ジェニーン著、プレジデント社）に記載されている言葉である。

どれだけ積極的に仕事をしても、報酬は変わらない。しかし、経験という意味での仕事の対価を人より多く受け取ることができる。また、それだけ仕事に携わることで、遣《や》り甲斐《がい》や思い出や楽しみも得ることができ、職業人としての人格形成にも資する。

当時の北浜法律事務所では、アソシエイトは毎日の業務時間を所内のシステムでカウントすることが義務づけられていた。また、進行中の案件が誰からも確認できるように、所内システムに手持ちの案件数や内容を入力し、共有されるようになっていた。

ある程度規模のある法律事務所は、何十人ものパートナーが共同して、何十人（何百人のこともある）ものアソシエイトを雇っているという形態のため、各パートナーは各アソシエイトに自分が指示した業務以外に、ほかのパートナーが特定のアソシエイトにどのような業務を指示しているかを把握し切れていない。

そのため、事務所として、横断的にアソシエイトの業務量や業務内容を把握するために、このような仕組みが取られている。

特定のアソシエイトに業務負荷がかかり過ぎていないかをチェックでき、アソシエイトの心身を壊さないように、また、それに伴い、案件に関して事故を起こさないための労働環境に対する配慮である。

僕はこのような仕組みを逆手に取り、毎日の業務時間を過少申告するようにしていた。また、ほぼ動いていない案件を積極的に終了ステータスに変更して、見かけ上で進行中の案件数を減らすようにしていた。

こうすることで、各パートナーは、所内システムで僕の業務状況を見た時に、まだまだ仕事を依頼できると思ってくれる。

人によっては、いかに自分が頑張っていて、たくさんの業務をこなしているかをアピールしようと、業務時間を多めに申告する人もいるかもしれない。しかし、これをしてしまうと、頑張っていると評価してもらえるのかもしれないが、振られる仕事量が減ってしまい、その結果、得られる経験が少なくなってしまう。

しかし、**欲しいのは事務所内での短期的な評価ではなく、経験という対価だ。**

また、事務所内では、パートナーが複数のアソシエイトに対して、一斉に仕事依頼を投げることがある。立候補制で案件への参加を募るためだ。

このような連絡が来ると、ほかのアソシエイトは自分の手持ち案件を確認し、時として同期同士で誰がやるかと事前に相談する人さえいた。

しかし、僕は自分の既存案件量は考えず、我先に参加したいと返事するようにしていた。その上で、いかに業務をこなすかを後から考えるようにしていた。

誰しもインターンのような機会であればこのような姿勢でどんどん業務に関わっていくが、なぜか入所後にはそこまでの積極性がなくなる人もいる。しかし、そうであってはならない。

また、**僕は、いかに体力や精神的に疲弊していても、仕事を振ってくれるパートナーやクライアントの前では決してそのような姿を見せないようにしていた。**体調不良だと思われてしまえば、当然、振られる仕事は減ってしまうからだ。

どうしても体調がすぐれない時は、こっそり中抜けして近くのマッサージ店で仮眠したり、そんな時間も取れない時は個室トイレで短時間だけ仮眠したりしたこともある。ランチや夕飯を事務所近くで一人で食べる時に、少し気を抜いてグッタリしたい時もあるが、その場合は事務所のほかのメンバーと決して遭遇しない店を選んでいた。

プロスポーツ選手であれば、自分の体に故障があっても、何とか隠してプレーするはずである。弁護士業とは、それなりに専門職という認識がされており、弁護士自身もそのような自意識がある割には、堂々と体調不良を宣言し、早めに休息を取ろうと励まし合っている者が多数おり、不思議でならない。

これはほかの業界のビジネスパーソンにも言えるが、一丁前にスペシャリスト面《づら》する以上、弱音を吐いてはならない。

僕が自分で自分を評価する場合には、病んでいるとか体調が悪いということは、全て努力と気合いが足らない言い訳だと捉えている。もちろん、今時これを他人に押しつけるわけではないし、ましてや自分より立場が下の人に求めることはない。

ただ、**ブラック労働が禁止される世の中だからこそ、自分を追い込めるのは自分しかいないし、自分を追い込めれば、ほかに抜きん出ることができるのも確かだ。**

働き方改革という風潮は、やる気のある人とそうでない人を一層、二極化させると思っている。

## 「忙しい」と絶対に言わないこと

ビジネスパーソンの中には「忙しい」と簡単に口にする人がいる。

しかし、僕は絶対に言わないようにしている。

**「忙しい」という言葉を使わないことについて、並々ならぬ思いがある。**「忙しい」とはとても便利だが、何の根拠もない言葉であって、安易に使い始めるといかなる状況でも言い訳に使えてしまうからだ。

忙しいといったとしても、その人が大した仕事量もこなしていないのに忙しいと感じ、忙しいとアピールしたがっているだけかもしれない。あるいは、単に仕事の回転速度が遅いだけかもしれない。こんな主観的で根拠のない言い訳はない。

僕は「忙しい」という言葉を意地でも使わないようにしており、もう15年以上使っていない。仕事だろうとプライベートだろうと絶対に使うべきではない。

忙しいという言い訳を使わなくなると、具体的な理由がない限り何かを断ることがなくなるため、仕事でもプライベートでもYESと答えることが多くなる。

同様に「頑張っている」「大変だ」「疲れた」「難しい」「無理」といった言葉も、全て根拠はなく、主観的な言葉に過ぎない。こんな他者から確認しようがない言い訳を発してしまえば、誰もそれ以上お願いしてくれなくなる。客観的に不可能であるとか、あるいは外部要因のせいにしてしまうと、これ以上取り組むことができない状態と判断されてしまい、経験という仕事の対価を取りこぼしてしまうのだ。

このようなネガティブワードは絶対に言ってはならない、不幸な言葉である。

**このような言葉を一切使わないようにしていると、いつの間にか本当にこういう感情が体からなくなっていく。**

後輩から成功の秘訣《ひけつ》は何かと聞かれることがあるが、決まって、3年間一度も「忙しい」と言わずに生活してみて欲しいと伝えている。ぜひ試してみて欲しい。3年あれば人生は一変する。

## ハードワークに勝るものはない

弁護士1年目、僕はM&Aや事業再生といった日々刻々と状況が変化しやすい案件に携わることが多かったせいか、24時間いつでも仕事のメールが飛んできていた。

これに対して、**深夜であろうと早朝であろうと、就寝中であろうとプライベート中であろうと、携帯電話やスマホを必ず手元に置き、すぐにメールをチェックするようにしていた。**

スマホで確認しにくいようなデータが添付されていたら、寝ていても短時間だけでも起き、ノートパソコンを立ち上げて内容を一読するようにしていた。

当時はまともな戦力ではなかったため、先輩がクライアントとのやり取りで飛び交わしているメールに対して、僕も交ざって意見を述べることはできなかったが、それでも当事者意識だけは持ち、メールを必ず確認するようにしていた。

このような姿勢は独立してから強烈に役に立った。

深夜だろうと早朝だろうと、いつでも連絡が来たら対応し、そしてもちろん、自分で返信するようになっていた。このような仕事への取り組み方をしていると、実はたまに深夜の短時間だけメール対応しているだけなのに、あたかも24時間起きているような錯覚をクライアントに与えることができ、無敵の無尽蔵の体力の弁護士であると思わせることができる。

こう言うと、ブラック労働などと言う人がいるかもしれないが、これは僕自身が好んで自分の覚悟を果たすためにしていることだ。

そして、**自分が主体的に自分をスーパーマンと思い込ませるように仕事に取り組んでいると、本当に精神的には何ら疲弊しなくなっていくものだ。**

業務時間で言えば、毎朝9〜10時くらいに出所し、1年の95％くらいは深夜2時くらいに退所していた。休みはほぼなく、2日連続でフルに休んだのは、弁護士1年目には一度もなかった。元日でも午後には出所していた。

このような勤務時間をこなすためには精神力だけでなく、当然体力も必要だ。

そのため、たまに早く帰った時、といっても深夜24時前くらいであるが、その時は近所を１時間ジョギングしていた。

根を詰めて一日中、仕事をやり切り、深夜に自宅に向かう時、ふと今日はいつも以上に集中して業務が捗《はかど》ったなと思う時がある。

特に根拠はないが、もしかしたら東京・丸《まる》の内《うち》（当時オフィスが丸の内にあった）で働いている人の中でも上位１００人くらいには仕事が進んだのではないか、みたいなわけのわからないことを想像して自己陶酔することがあった。

もっと酷《ひど》い時は（笑）、日中に空を見上げて太陽が光り輝いていると、今、この瞬間、僕と天は両思いだなどと勝手に感じていた。

**誰に褒められるわけでもないが、理想の自分が現実の自分を褒めてくれる瞬間だ。**

この時ほど自尊心が満たされることはない。この快感を覚えると、他人からの評価などどうでも良くなる。いかに理想の自分に現実の自分を近づけ、理想の自分から褒めてもらえるかを意識するようになる。

そして、自分の中に、もう一人監視役の自分がいるような状態になっていく。

ハードワークは全ての成功のために絶対的に必要不可欠な要素であるが、大切なのは、それを大変と思わずに当然のようにこなせるマインドセット、メンタリティ、基礎体力を身につけていくことだ（マインドセットについては、拙著『日本一稼ぐ弁護士の仕事術』もご覧ください！）。**自分で自分を監視する必要があるのは、小さい踏ん張りの積み重ねが大切だからだ。**大きくサボったら周囲が指摘してくれるが、ほんの小さな積み重ねをしてもしなくても誰も気がつかない。そんな小さな積み重ねを続けさせるのは自分からの監視以外になく、そしてその積み重ねが大きな差を生む。

## スピードを常に意識し、締切期限に甘えない

弁護士1年目が終わる頃には、同期の2倍ぐらいの案件をこなすようになっていた。ただ、これも勝手な体感であって、実際は大したものではなかったかもしれない。自分でこう思えることが大切なのだ。

このような業務のこなし方をしていると、パンクしてしまうのではないかと不安になる人がいるかもしれないが、人は必ずバッファを残して仕事をしているものだ。

**1週間の生活の中で削ろうと思えば削れるものは必ずある。**例えば、食事を外で食べて1時間かけているなら、自席で10分で終わらせることもできる。友人らとの約束もいざとなれば全てキャンセル可能だ（もちろん、日頃からその可能性は伝えている前提だ）。睡眠時間も週に1日や2日なら徹夜に近い状態であっても、その分、1時間昼寝する等で調整可能だ。

こういった生活を一年中続けるのは無理でも、短期間だけバッファを使うことは大きな負担なく持続可能だ。

**小さな限界突破を繰り返していくうちに、限界領域は必ず拡大していく。**

また、案件をどんどん抱えていくためには、さらに仕事処理のスピードアップが必要になる。例えば、締切期限が2週間後と設定されると、それに向けて締切期限の何日か前から作業を始めて、期限にちょうど終わるようなペースで作業をする人がいる。締切期限から逆算するスケジュール感だ。

このような仕事の仕方をすると必ず全ての作業が後ろにずれていき、滞留案件が増えていく。

しかし、**僕の場合は、仕事を振られた瞬間がスタートで、そこから何日以内で終わらせるかということを常に意識していた。**締切期限のことは一切考えず、仕事を受けた日を起算日として一定期間で必ず終わらせるようにしていた。

まだ終わっていない作業については、スマホのスケジュールアラームに一覧でタスクを入力しておき、毎日一定時刻に鳴らして注意喚起するようにし、それらがなくなるまではバッファを多めに使うようにしていた。

このようなタスク管理で業務に取り組んでいると、滞留案件のない状態で一つ一つの業務に余裕を持って100の力で取り組むことができるし、精神的負荷も圧倒的に少ない。

特にスケジュールアラームは有効で、その時に取り組んでいる業務以外のことは忘れてしまっても、一定のタイミングで思い出せるため、いつも一つのことに集中できるようになる。

他方、早いだけで中身がなければ意味がないので、先輩弁護士やクライアントに成果物を共有する場合には、**共有日の前日までには必ず作業を終え、共有前に一日以上寝かせて、頭を空《から》にした上で、共有日の朝までに成果物を自分で再確認してブラッシュアップする**という作業を必須にしていた。

検討不足の箇所、意味が伝わりにくい箇所、誤字脱字がないか等を、ゼロベースの自分で確認するという手順だ。

なので、当時はツーアップ両面でプリントアウトした成果物をいつも持ち歩いていた。電車移動の際やちょっとした空き時間でチェックするためだ。

このように成果物を仕上げていたため、誤字脱字に関して言えば、弁護士1年目に僕が作成した成果物は何十万字に及んだはずだが、年にたった2文字しかなかった。

誤字脱字があるかどうかなんて、形式面だからどうでも良い。しかし、毎回穴が開くほど自分の成果物を読み込み、内容を推敲《すいこう》していれば、その過程で必然的に誤字脱字はなくなっていくという話だ。

**自分が作業を早く終えると、上司やクライアントに早めにパスすることができ、それだけ向こう側の持ち時間を増やしてもらうことができる。**

タスクを自分と相手とで投げ合う場合には、いかに自分の持ち時間を短く終え、相手に長く時間を取ってもらうかを考えなければならない。

## 「若い時に苦労すれば将来が楽になる」の本当の意味

社会に出て数年間は、自分をいかに追い込むかが大切だ。

バッファを使う経験のない仕事の受け方をしていると、業務量や回転数の限界値が広がっていかない。

**限界突破の経験を何度も繰り返していくと、それ以降、緩やかに仕事をしていても、いざという時は一気にギアを上げられるようになる。ギアの最大出力が高まるのだ。**

こうなれば、バッファはさらに大きく見積もることができ、日々の仕事が楽になる。

「福永《ふくなが》がもう0・5人分いる」と思えるようになってくる。

そうすると、多少強引に案件を抱えてしまっても、いざとなれば一気にギアチェンジすれば何とかなると思えるし、実際に何とでもなっていく。

僕が学生の頃には、若い時に頑張っておけば将来楽になるという話をする人がいた。

これは、悪い意味では良い大学に行って良い会社に入れば、その後は年功序列もあり、のらりくらり生きていけるというような意味で使われる。

しかし、本当の意味は、若い時に限界突破の経験を何度も積んでおくと、それ以降、大きなバッファを隠し持って生きていけるので、精神的にも物理的にも凄く楽だという意味だ。

過去にあれだけのことを乗り越える最大出力を出せたのだから、これぐらい余裕だろうといつも思えるようになる。

定量的に言えば、残業を含めた1か月の労働時間が400時間を超える程度の仕事量をこなす必要がある。

**毎月でなくても良いから、人生で一瞬のピーク時だけで良いから、これぐらい仕事に没頭した経験があれば、その後の人生が本当に楽になる。**

一生このような働き方をしなければならないわけではなく、人生のステージごとにギアの入れ方は変えていけば良い。

自分が出し得る最大出力を知り、さらに引き出してしまえば、いざとなればそれだけの力を発揮できるという自信がつき、それ以下の業務量なら大したことないと思えるようになる。

また、成功に近づくための努力の仕方には再現性があり、次の挑戦にも横展開していけるようになるのだ。

## 自分の業務に魂を込め、ファーストドラフト感のある仕事をしない

下っ端の時は、どんな案件でも最終チェックは上司がするという手順を踏むことが多い。

この仕組みは通常、ピラミッド構造になっている。

例えば、一人の上司は3人の部下から報告を受けるといった感じで、下の階層の人数が多いのが通常だ。

このような状況で、下の人がどんどん作業をしまくり、どんどん上司にチェックを求めていくとどうなるか。

上司はチェックする時間が追いつかなくなっていく。一人分以上のチェックをしているからだ。

この時、**安定的にある程度の質を確保できていると、その業務に関して今後のチェックは不要だという判断をもらえるようになる。結果、自分の裁量が増えていく。**

仕事の裁量を増やすというのは待っていて与えられるものではなく、スピードと量で奪っていくものだ。

また、自分と、上司やクライアントとの作業可能領域が重なることがある。

こういう時、相手が最後は仕上げてくれるだろうという発想を絶対に持ってはならない。

仕事領域を0～100として、自分の能力や権限でこなせる領域が0～80、上司が0～100だとする。こういう時に、**60までやって上司にパスするのではなく、必ず80まではやり切って、どうしても自分ではできない部分のみを上司にお願いするようにしなければならない。**

上司からすれば、とりあえず最低限上司にパスしても恥ずかしくない60まで形を整えただけの成果物なのか、自分でできる領域は精一杯魂を込めてやってきた80の成果物なのかは絶対にわかる。

最後は上司が仕上げるからといって、自分でもできるはずの領域を上司に捌《さば》いてもらうことを前提としたファーストドラフト感のある仕事は絶対にしてはならない。

むしろ、本来80までしかできなくても試しに90や100のものを作ってみてから、上司に見てもらうべきだ。実際にやってみたら、意外に85の成果物として認めてもらえ、今後はそこまで担当させてもらえるかもしれない。

このように業務品質で裁量を奪うという方法もある。

**上司から裁量を奪っていくことで、それまで以上に自分の業務領域が広がり、経験が積める上に、新しい成果を出すこともでき、組織内での評価は上がり、さらなる新しい業務を任されるようになっていくだろう。**そして、ますます経験という仕事の対価が増えていく。

# 24時間仕事をしていても楽しめるマインドセットをする

人は同じ24時間を過ごす。仕事でも勉強でも遊びでも同じ24時間だ。物理的には、一日中遊べるのであれば、一日中仕事や勉強もできるはずだ。

それができないとすれば、仕事や勉強に対して、遊びと同じモチベーションや楽しみを見出《みいだ》せていないだけだ。

好きこそものの上手《じょうず》なれとは、まさにこういうことだ。

**仕事や勉強と遊びの境目がなくなり、どれも好きで楽しくやっているものであれば、一日中仕事や勉強に没頭しても何も苦痛はないはずだ。**

仕事や勉強に対し、苦痛を感じ、頑張っているという思いを持っているようでは二流だと思う。誰に強制されたわけでもなく、自らやりたくて仕方がない、努力しているつもりなど全くないまま没頭し続けているという状態にマインドセットしなければならない。

**僕は、これまでの人生で、何かに頑張ったとか、苦労したとか、努力したという記憶がほとんどない。**記憶を塗り替えているだけかもしれないが、自ら好きなことだけに取り組んできたと実際に思っている。

だから、ストレスを感じることもなく、膨大な仕事をこなすことができる。

## 偏見なく新しい市場を開拓すべし

僕が弁護士1年目にどうやって稼いだかについて、少し具体的にお話しししたい。

僕は、事務所案件以外に個人案件も扱ってみたいと思っていた。

しかし、まだ弁護士1年目で、東京に住み始めたのは司法修習からだし、周囲には法曹界以外の友達もあまりいない。

そこで、インターネットを使うことにした。

当時は、「弁護士ドットコム」が少し話題になり始めた頃だった。

弁護士ドットコムとは、法律問題に困っている潜在的な依頼者と弁護士をマッチングさせるサイトであり、今では上場もしている。

しかし、弁護士業界には古い体質が残り、当時でもインターネットで客を見つけるなんて、下品だし、トラブルが多くなるし、そんなことをしている弁護士はロクでもないと言われていた。

出会い系のマッチングアプリをイメージしてもらえばいいかもしれない。

出会い系アプリにも、変な人ばかりいると思い込んでいる人が未《いま》だにいる。

しかし、合コンであろうと友達からの紹介であろうと、仕事でたまたま知り合った場合であろうと、**結局は関係性を深めてみないと相手の性格や属性が果たしてどこまで魅力的で信用できるかわからない**という点で大差はない。

弁護士ドットコムによるネット上でのマッチングも、知り合いや弁護士会の無料相談窓口からの紹介と、何ら本質的に異なることはない。

そのため、当時は多くの弁護士は避けていた弁護士ドットコムであったが、僕は真っ先に登録して利用した。

当時のシステムは、相談者が具体的な相談を掲示板に投稿し、それに対して、先着順で弁護士5人までが回答や料金見積もりを提示できるようになっていた。

そして、弁護士費用には相場というものがある。

なんと過去には弁護士費用は日本弁護士連合会が定めた報酬基準に従わなければならないという理不尽な規程まであったのだ。ただの独占業務の既得権益による価格協定に過ぎないが、姑息《こそく》な弁護士達は普段は自由だ正義だとほざいているくせに、市民の目が届かないところでは、こんな卑怯《ひきょう》なことをしてきたのだ。

しかし、さすがにこのような規程は正常な競争を阻害するということで今では廃止された。それでも、比較的多くの弁護士は旧報酬規程などと言いながら、今でもこれを参考にして料金を決めている。事実上の緩い価格協定のようなものだ。

僕は、弁護士ドットコムでも、この旧報酬規程に沿った価格提示をする人が多いだろうと考え、旧報酬規程の8割の見積金額を提示することにした。

相談者からすれば、弁護士の良し悪《あ》しの比較はしづらいし、顕著な差がなければ安い方を選ぶだろうという単純な発想だ。

これが功を奏し、弁護士登録の1か月目から、月に10件近い案件を受任した。案件の種類は、離婚、債権回収、簡単なトラブルによる訴訟等があったが、初月の個人案件の売上は100万円を優に超えた。

事務所からの月収は年俸月割りで約70万円だったが、弁護士2、3か月目には、月収合計で

200万円を超えたのを覚えている。

**既存の成果に甘えず、偏見を持たずに新しい市場を開拓していくことで、さらなる大きな成果が得られる**という小さな成功体験となった。

## 上司とぶつかった場合は、一度言われたとおりに従ってみることも大切

個人案件を扱うようになって3か月が過ぎた頃、五つくらい上の先輩アソシエイトに呼び出され、個人案件をやめるように忠告を受けた。

理由はいろいろあったと思う。

弁護士になってすぐに大量の案件を受けてしまうのは、案件の潜在リスクに気づかずに危険な案件を受けてしまうかもしれないし、案件の難易を判断できずに事故を起こすリスクもある。

また、業務量の調整ができずに、事務所案件がこなせなくなってしまうリスクもある。

ただ、僕は弁護士である以上、事務所に所属しながらも一国一城の主《あるじ》であるし、いくら所内

の先輩であっても、余計なことを言われたくはないというのが本音だった。

特にこの時は、初めて社会人としてまともに働き、自分名義の依頼者と相対して仕事をこなし、やる気と遣り甲斐にみなぎっており、感謝もされて嬉《うれ》しかったし、また、一般的な新社会人からすると考えられない収入を得ることもできていた。

このスタイルで個人案件もどんどんこなしつつ、事務所案件も変わらずやっていきたいと思っていた。

しかし、当時、僕は決めていることがあった。

僕は弁護士1年目に過ぎない。

自分で正しいと思ったことが、後から間違っていたことや、もっと良い選択があったことに気づくことは常にあり得るはずだ。

そして、当然ながら先輩達は弁護士1年目を実際に経験してきた人達で、僕よりも経験は圧倒的に多く、僕よりも正しい選択ができる可能性は遥《はる》かに高い。

だから、**パートナーや先輩アソシエイトから意見をもらった時、どれだけ自分の考えに反していても、まずは言うとおりにしようと決めていた。**

そのため、全く納得していなかったが、少なくとも弁護士1年目の間は個人案件をこれ以上受けないようにしようと決め、実際にそのようにした。

それでも、数か月で受けた案件が15件くらいはあり、それらは最後まで全《まっと》うした。比較的早く終わる案件ばかりだったため、夏くらいまでにはほぼ全ての案件が終わった。

個人案件売上は400万円くらいとなり、年俸と合わせて1年目の年収は1200万円を超えた。

個人案件を通じて、基本的に一人で案件をこなし、自分名義のクライアントを持つということは、事務所案件とは異なる遣り甲斐や責任感、楽しさを味わうこともできた。

他方、個人案件の新規受任をやめたタイミングで、どんどん大きな事務所案件が振られるようになり、結果的にはあのタイミングでやめて正解だった。

**上司や先輩から言われたことは一見納得がいかなくても、従ってみると、自分では気づいていなかった利点に気づくことがある。**まずは自分とは異なる視点による利点を知った上で、本当に自分にとって良い選択をしていけば良い。それを知らないうちから、納得がいかないからといって上司や先輩に背くべきではない。結果、組織内での評価も上がり、ますます重要な業務を任せてもらえるというメリットもある。

以上、1年目についてお話ししてきたが、いつも本当に楽しく幸せに過ごしていた。人によっては、**僕の働き方にはついていけないと思う人がいるかもしれないが、それはマインドセットの問題だ。**楽しいことであれば、どれだけでも熱中して没頭することができるはずだ。

第2章

# 飛躍する
# チャンスをつかむ
# マインドセット

―― 先輩弁護士から学んだ教え

弁護士2年目
［2011年、30〜31歳］
年収1300万円

## 日々のモチベーションを維持する方法を見つけること

弁護士2年目は、1年目の延長という意味合いが大きかったが、少しずつ自分でできる業務領域が増えていき、理解度も増していった。

この頃、定期的に行っていたモチベーションを維持する方法がある。

それは、**過去の自分のメールを見返す**ということだ。

過去に受験を経験した人はよくわかると思うが、例えば1年前に自分が解いた問題の解答を見返してみると、全く的外れで理解不足で恥ずかしくなるような経験があると思う。

僕も、司法試験受験時代に、作成した当時はよくできた完璧な答案だと思い込んでいたものが、後から見返してみるとムチャクチャな出来だったりすることがよくあった。

仕事のメールも同じだ。

過去に自分が送信したメールを見ると、全く案件の本質を捉えていなかったり、解像度が粗かったり、日本語自体も読みにくかったりと、散々な出来である。

逆に言えば、弁護士として1年を経過したことにより、1年前の自分がここまでレベルが低かったと思えるほどに成長できたということだ。

このように**過去の自分の送信メールを見ることで、過去の自分と今の自分を比較し、成長を感じることで、モチベーションを高めるということを定期的にしていた。**

また、今の自分ならこう回答するなと考えることでさらに自分の業務に対する解像度を上げることもできる。

これは弁護士業以外でも同じで、メールに限らず、作成資料でも、リサーチ結果でも何でも良い。

## 専門性とは深い知識や幅広い経験だけではない

当時、最も尊敬していたパートナーから言われた話を紹介したい。

それは、「今の若手弁護士は、最先端の法律分野の知識やスキルといった専門性を求め過ぎている」という話だ。

僕も当時、国際租税に興味を持ち、受任している案件は一つもないのに、その分野の本をいろいろ読み漁《あさ》っていた。

確かにそういった最先端分野に関する専門性があれば、いつか武器になるかもしれない。

しかし、そもそも「弁護士業はサービス業であり、サービス業としての基本レベルが高ければ、それだけで十分な専門性なのだ」と言われた。

つまり、**誰よりも作業が早い、誰よりも丁寧、誰よりも下調べをして打ち合わせに臨む、誰よりも依頼者と感情を共有する等でも、十分依頼者には喜んでもらえると。**

この話には、体中に電気が走る思いだった。

この先生は、英語が得意で海外留学も終えていたし、スピードや行動力もあり、常に小さいキャリーケースを引いて、パスポートも携帯して、いつでも世界中のどこにでも行けるようなスタイルで仕事をしている人だった。

僕は、特別頭が良いわけではなく、勉強は好きだが、抜群の成果を出せるわけでもない。

しかし、スピードや体力には絶対的な自信がある。

そうであれば、なおさらスピードと体力で圧倒的にぶち抜いてやろうと思った。

実際、今でも、ほかの弁護士に比べると法律知識も乏しいし、理解も浅い。恥ずかしながら作業や分析や書面作成も雑だ。

でも、そういった**弱点を凌駕《りょうが》する圧倒的なスピードと量を確保する**ことで、依頼者を獲得している。

## どんな理由であっても他人との約束を破る場合には誠実に対応する

もう一つ、アソシエイトの先輩弁護士から言われた話で、人付き合いについて学んだことを紹介したい。

その先輩は、所内行事として、ゴルフコンペを企画してくれており、僕はそのコンペに参加申し込みをしていた。

しかし、コンペの前々日にパートナーから大きな業務を振られた。

それは上場企業のM＆Aの案件で、その会社の役員へのインタビューだった。日々の業務の中でも特に気合いが入るものだったが、その日がコンペ当日と重なってしまったのだ。

そのため、僕は、その先輩に対して、例の件のためにコンペ不参加でお願いしますと連絡した。

この時、事務所内でも比較的大型の案件に関与することで、楽しみにしていた所内行事を休んでまで事務所の仕事をすることに対して、その先輩から褒められはしないまでも、頑張れよといった具合にすんなり応援してもらえると思っていた。

しかし、その先輩からは軽く叱られてしまった。

何をそんな、当然欠席してもいいですよねという感じで連絡してくるのか、と。

この時も、衝撃が走った。

確かに、僕を中心に考えると、所内行事を欠席してまで、本来、休みの日に事務所案件のために稼働することは、事務所から褒められることだったかもしれない。

ただ、それは僕の都合だ。

その先輩からすれば、遊びであっても、事務所行事のためにゴルフコンペを取りまとめしてくれていたのであって、どんな理由であろうと急に欠席されれば負担が増えることに変わりはない。結論として欠席は仕方がないとしても、当然であってはならない。

この会話以降、**プライベートの予定であっても、それを破る時、理由がたとえ急な仕事の都**

**合だろうが、体調不良だろうが、親が亡くなろうが、それは全てこちらの都合であって、相手側には一切関係ないことだ**と思うようになった。

もちろん、もっともな理由であれば許してくれるだろうし、結論として予定を変えることは仕方がない。

ただ、大切なのは気持ちである。

**こういう理由だから仕方ないでしょ、という発想は一切持たない**ようになった。

もし仕事を理由にすれば、プライベートの約束を破ってしまっても構わないと安易に思っている人がいれば、思い返してみて欲しい。

相手からすれば、どんな理由であっても、約束を破られたということに変わりはないのだ。

## 現在所属している業界に感謝する

この頃になると、事務所内外問わず、業界内の話をする機会が増えてきた。

すると、どこまで本気なのかわからないが、８割くらいの人は業界の将来は暗いというような話をしている。

**自分が今まさにいる業界のことを悪く言ってどうなるのだと思った。**

本当にそう思うのであれば、違う業界に移るべきだし、そう思っていないなら口だけでネガティブな発言をすべきではない。

心は必ず下がっていくし、何よりも周囲の人からネガティブな人間というイメージを持たれてしまうからだ。これは絶対に言ってはいけない。

人によっては、ライバルを蹴落としたくて、ほかの人は業界を出ていってくれという願望で言っている人さえいるように思える。

しかし、実際の弁護士業界は、年々敷居は下がり、以前は出番でなかったような業務も増えており、それが新しいチャンスとなっている。

身分が低くなり、軽々しく扱ってもらえることを喜ばないといけない。

殿様商売で偉そうに構えているのではなく、**どんな仕事でもやりますという姿勢を持っていれば、仕事はいくらでも舞い込んでくる。**

そもそも、弁護士業界が厳しいと言っている人達は、古典的な弁護士業務にこだわっているだけだ。

世の中のビジネス業界が全て厳しいはずがない。弁護士とは、ビジネスパーソンに弁護士資格がオンされたと考えれば、絶対的に優位であり、そのことに感謝すべきだ。

また、必死に勉強して司法試験に合格したんだから、もっと楽に稼がせてくれと言う人さえいるが、たかが学生同士の戦いの勉強に、たった数年取り組んだだけで、その後の人生が楽に進むはずがないのは当然だ。

## 社会の出来事からチャンスを感じ取る

比較的順調に弁護士2年目を邁進《まいしん》していた中、大きな出来事が起きる。それは2011年3月11日に起きた東日本大震災だ。

僕は北浜法律事務所のある、東京駅直結のサピアタワー14階にいた。

平常業務をしていたが、ぐらっとビルが倒壊するのではないかというぐらい揺れ、その後、地響きの轟音《ごうおん》が鳴り続けた。

どこで、どれくらいの地震が発生したのかわからないが、一瞬で、日本のどこかで、とんでもない被害が発生する地震が起きたであろうことを悟った。

この頃、僕は、弁護士業とは何なのかをよく考えていた。

例えば、僕がA社の代理人としてB社に何らかの請求で提訴し、1000万円勝ったとする。しかし、B社からすれば1000万円失っているわけで、合計するとプラマイゼロだ。

つまり、弁護士が扱う案件の大半は、新しい価値を創造するものではなく、法律に沿って、依頼者同士の権利の取り合いや再分配を行うことだ。

すなわち、**現実の権利義務関係と、法律が想定する権利義務関係がずれている領域にこそ、弁護士が介入する必要性が認められるわけだ。**

大震災の話に戻るが、震災直後、当時スイスのUBS証券に勤めていた友人と会話をしたところ、地震の第1波の揺れが起きた瞬間に、揺れながら建設会社に対して一斉に買い発注を出したと言っていた。震災後の復興工事のために建設会社の受注が増え、株価が上昇することが容易に予想できたからだ。

不謹慎な話に聞こえるかもしれないが、仕事は仕事だ。ビジネスパーソンであれば、いつだって冷静でなければならない。

一方、僕も、弁護士として震災に関連して何か取り組めることがあるに違いないと思っていた。未曽有の大震災という現実社会を大きく揺さぶる出来事が起きた以上、現実の権利義務関係と、法律が想定する権利義務関係がずれる領域が無数に生まれるはずだからだ。

そこから、少しずつ震災の事後処理についてのニュースを取り入れるようにしていった。これだけ大きな災害には、政府主導で取り組む必要があるだろうから、国会での審議等のニュースも見るようになった。

また、震災から約1か月後、実際に福島、宮城、岩手を回り、現地の状況を見て、可能な限りで被災者からもヒアリングしてみた。特に僕は、震災前から宮城県石巻《いしのまき》市でとある裁判の代理人をしており、何度か訪問していた。

弁護士2年目からは個人案件の受任を再開していたが、その一つだ。

石巻といえば、東日本では最大と言える三陸《さんりく》(青森、岩手、宮城にまたがる沿岸部)の漁獲地域である一方、震災で最も津波の被害を受けた地域でもある。

そのため、僕は石巻を中心に震災の被害や復興について、少しずつ調べていくことにした。

この話は、弁護士4年目くらいから徐々に進行していくため、その項で改めてお話ししたいと思う。

ここで言いたいのは、**常に前向きにアンテナを張り、社会の出来事からチャンスを感じ取るセンスを磨き続けていくことが大切だ**ということだ。

## 日々の努力の積み重ねが大きなチャンスを与えてくれる

弁護士2年目が終わる頃、所内では仕事に取り組む姿勢には一定の評価をしてもらえていたと思う。

先にお話しした担当パートナーからは、特定項目について、こんな高い評価をつけたことはないと言われていたし、ほかのパートナーからも、評価面談の際に、「福永くんのことはもう十分だから、それよりほかのアソシエイトの教育をどうしたら良い？」と相談されることさえあった。

個人案件も、友人を中心に様々な依頼が来ており、事務所からの年俸と合わせて、年収は1300万円くらいとなっていた。

そして、**所内で一定の評価を得ていたからこそ、弁護士2年目が終わる頃に、僕の人生を左右する大きなチャンスが与えられることとなった。**

それは、出向の話だ。

ある程度規模のある事務所では、一度は出向か留学に行って、それまでの業務とは異なる知見や人脈を築くキャリアを踏むことが多い。

打診された出向先は、株式会社東日本大震災事業者再生支援機構だった。この機構は、自民党参議院議員の片山《かたやま》さつき先生が発議者の一人として、法制度化して設立された機構だ。株式会社となっているが、出資者は預金保険機構と貯金保険機構であり、さらにその上の出資者は政府だ。出資金額は計200億円で、さらに市場から政府保証のもと、5000億円の借入調達が予定されており、実質的には政府の復興庁がコントロールする組織だった。

この機構の具体的な役目については、弁護士3年目の項で改めてお話ししたいと思うが、ざっくり言うと、名前のとおり、東日本大震災で被災した事業者（企業及び個人事業主）の事業再生支援をすることだ。そして、政府が、事業再生の実績のある法律事務所やコンサルタント会社や金融機関等の限定された組織に対して、出向に出てくれる人への声掛けをしていたのが、北浜法律事務所にも回ってきたのだ。

まさに事業再生を専門とするスペシャリストが全国から集められることになったわけだ。

設立予定日は震災の約1年後に当たる2012年2月22日。

僕がこの話をもらってから約3か月後だった。

弁護士2年目が終わるくらいの早いタイミングで、このようなスペシャリストが集結する機構に出向に行って、まともに業務ができるのか一抹の不安を感じた。

しかし、それと同時に、このような機会に恵まれたのは、たまたま就職した北浜法律事務所が昔から事業再生に強く、政府から出向のお願いが来るような実績とコネを持っていたことと、事務所内で僕がパートナーから打診をもらえる程度に評価されていたことによるものだし、さらに**僕自身も震災復興に関して弁護士として価値を見出せるのではないかと考え続けていた**ことから、即答で承諾した。

結論から言えば、この選択は大成功だった。

ちなみに弁護士に限らず、所属組織から出向と留学のどちらかを選ばせてもらえる場合に、留学を希望する人が相当割合いる。

ただし、事務所から留学に行かせてもらう際のメリットは、基本的に経済的支援が見込めることに過ぎない。それが何千万円単位になろうと、所詮お金の問題だ。

他方、出向は、事務所のコネがあって初めて成立するものだ。自分一人の力では絶対に行けない出向先は多い。だから**僕は圧倒的に出向を勧める。**

弁護士になってからの2年間で、地道にクライアント、組織、上司や先輩のために尽力してきた結果が評価され、このような大きなチャンスを与えてもらうことができたのだ。

# 第3章

# 新たな職場でも自分のペースで今に最大限熱中する

## ——株式会社東日本大震災事業者再生支援機構への出向

弁護士3年目
［2012年、31～32歳］
年収1850万円

## 東日本大震災の被災者支援に取り組み始める

弁護士3年目から、機構への出向業務が始まった。

機構には、仙台《せんだい》本店と東京本部があったが、僕は東京本部配属だった。

機構の主たる設立目的の一つは、二重ローンの解消だ。

二重ローンとは、言葉どおり、借入が二重になってしまい、返済負担が大きくなってしまう状態のことだ。多くの事業者は、金融機関等から借入をして、工場の土地建物、機械設備、部品、原材料等を購入したり在庫を抱えたりしつつ、それらを用いて事業を営んで利益を生んでいく。

そして、金融機関等から借入をしている以上、一定の返済計画に基づいて、利息をつけて返済していかなければならない。

通常、借入時点で事業計画を作成し、今後の事業から生み出される利益の範囲内から返済可能な金額を定めている。

単純に言えば、一つの事業から、1本のローンであれば、返済できる状態だ。しかし、被災により、工場や在庫等が損壊、流失してしまった場合、再度ローンを組んでこれらを購入し直す必要がある。他方、元から借りていたローンは残ったままだ。となると、新しく工場の建て直し等をすれば、古いローンと新しいローンが二重になってしまう。

一つの事業から1本のローンを返済するだけの利益は見込めても、2本分のローンの返済をするのは厳しい。これが二重ローンの問題だ。

この解決策として、結論だけ言えば、多くの被災事業者に必要な支援として、機構等の公的機関が関与して事業再生計画を作成し直し、これに基づき、古いローンの債権放棄や返済計画の延長（リスケジュール）を行うことだ。

**僕は、機構の一担当者として、多数の金融機関等との交渉に回り、機構の制度説明をし、実際に再生計画を作成して多数の被災事業者の支援をしてきた。**

ここで、特に記憶に残っている案件のエピソードを紹介したい。

それは、関東の建設業者で、地震により工場の地盤が損壊するという被害を受けた被災事業者だった。

地方銀行がメインバンクだったが、その銀行がバブルの頃、この会社に対して、とんでもない優越的地位の濫用を行っていた。

例えば、この会社に対して、本業の収益に何の足しにもならない過剰に立派な本社ビルを借入金で建てさせ、しかもその際の建築士や資材の会社に、銀行の役員の親族の会社が指定されていた。

また、本業とは全く関係ない事業への投資もさせていたが、これは銀行の別の支援先だった。つまり、この銀行の支援先の間での利益の付け替えにほかならない。

挙げ句の果て、バブル直前には、本業とは全く関係のない金融商品まで勧め、多額の借入をさせていた。

このように銀行が、会社を食い物にしていたところ、バブル崩壊により、銀行の貸付残高20億円がそのまま不良債権となってしまい、困り果てていたという案件だ。

事業者にとっても倒産は避けたいが、銀行にとっても事業者が倒産してしまい、金融庁の監査の対象となれば、優越的地位の濫用が明るみに出てしまうリスクがあるため、被災したことを渡りに船とばかりに、機構に対して支援を求めてきたのだ。

銀行も、さすがに反省しており、何としてでも支援をして欲しいと、副頭取が毎日のように僕の個人携帯に電話をかけてきては、支援願いを言い続けてきた。

こんな銀行は許しがたいが、とはいえ被災事業者を救うべき必要性に変わりはない。

この会社は従業員が約50人であったが、仮に従業員一人につき二人の家族を養っているとすると、この会社が倒産すれば、いきなり150人もの生活が破綻してしまうことになる。

**僕自身も、当時弁護士3年目に過ぎないのに、地方銀行の副頭取と一対一での交渉の席につけることには、緊張と遣り甲斐を感じ、気迫にみなぎっていた。**

しかも、この会社の社長は、バブル期に多額の借入をした張本人ではなく、当時の社長の後継者であり、いわばババを引かされただけだったが、何とか事業再生を果たそうと奮闘しており、僕も支援決定にこぎつけたいと必死だった。

しかし、やはり営業黒字化の目途が立たず、一度は機構内部からも支援を打ち切るしかないといった方向性が示されたこともあった。

いつも必死だった社長も、時々、もう死んでしまいたいと弱音を吐くことさえあった。

それでも、僕は何度も会社に出向き、せめて今後直近1年分だけでも獲得が予想できる案件をピックアップし、それぞれの収益性を丁寧に評価し、また、製造原価や販管費についても絞れるところは絞り、結果、何とか営業黒字化できるという再生計画を作り上げた。

そして、機構の役員全員に個別に回って案件内容を説明し、どうしても支援決定させて欲しいとプレゼンし、何とか役員全員の了承をもらい、支援決定にこぎつけることができた。

機構内部での支援決定の承認を終え、社長に連絡した際、二人で電話越しに泣きながら喜びを分かち合った。

この時は本当に嬉しかったが、支援決定から1年が経ち、会社が再生に向けて軌道に乗り出した頃、社長はそれまでの極度のストレスを耐え抜いてきたからなのか、まだ50代であったにもかかわらず、心筋梗塞でいきなり亡くなってしまった。

世間からすれば無名の小さい会社だったかもしれないが、**一人の男が、必死に会社や従業員、その家族、その他関係者のことを守ろうと、身を粉《こ》にして命をかけて戦った事案だった。**

このような業務をこなす中で、僕はますます大震災の被災者支援に関心を持ち、取り組んでいく覚悟を決めていった。

## 楽しみの先送りをしない

業務そのものの話とは異なるが、僕が出向先に配属されて、最初にしたことは1年分の有給休暇の申請だった。

どれだけ業務に邁進しようと、別の楽しみも同時並行でこなしていきたいからだ。

法律事務所では、弁護士には労働法は適用されないかのような文化があるが、出向先では夏季休暇を含めて年間23日の有給が利用できたため、1年間で連休が最も多くなるように、年度初めに一気に有給を割り当てて申請し、フライトまで予約していた。

そのため、年に2回も3週間近い連休を取っていた。

**僕の場合、絶対に体調不良にならないので、不慮の事態のために有給を残しておく必要もない。自分が認めない限りは体調不良ではないからだ。**

機構に所属していた期間で、ブルキナファソ、コートジボワール、ガーナといった西アフリカへバックパッカーとして行ったこともあった。

人によっては、若手のうちは仕事だけに集中すべきだといった意見を持っている人がいる。これは仕事に限らず、受験期間等でもそうだ。人によっては人生を懸ける特別なことに集中していると考えているのかもしれないが、たかが司法試験や弁護士業務ぐらい、ほかのいろんなことをやる中の一部としてこなすべきだ。

そして、**僕は、やりたいことであれば、どんなことも両立させられるし、両立させるべきだと思っている。**

人生は有限であり、司法試験だろうと、弁護士業務であろうと、普通の日常の一環として、新しくやりたいこと、挑戦したいことは、どんどん並行して同時多発的にこなしていかなければならない。

なぜなら、仕事もそれ以外のことも、結局は人生を楽しく幸せに過ごしていくためのツールに過ぎず、優劣はないからだ。

いずれも自分の「成幸」にとっては欠かせないものだ。片方を捨てて、片方を取るということはできない。

今、手元にある全タスクに対して、新しい活動をプラスすれば、従前と比べると忙しく感じるのは当然だ。しかし、いつか暇になったらしたいという言い方をする人がいるが、**将来、暇な時間が来ることなどない。やりたいことを先送りしていたら、いつまで経ってもできない。「いつか」は一生来ることはない。**

いつだってやりたいこと、楽しいことにどんどん挑戦していくマインドを持つことで、日々の生活はますます楽しいものとなっていく。逆に、楽しみを先送りする癖をつけたら、いつ来るかもわからない将来の楽しみのために今を犠牲にするという悪習慣が身についてしまう。

現在を、過去と将来の中間点と考え、将来のために今があると考える人がいるが、それは今を蔑《ないがし》ろにする考えだ。そのような考えをしていると、いつを基準にしてもそれより先の将来はあるのだから、常に今を将来の準備期間、助走期間と捉えてしまい、今に熱中し切れなくなる。

**楽しみを先送りしない習慣は、今に最大限熱中する生き方に繋がるのだ。**

最後に、3年目を総括しておくと、機構への出向による報酬が1000万円程度で、個人案件については、比較的大きな案件もあって800万円を超え、年収1850万円となった。

第4章

# 前代未聞の原発事故問題に真正面からぶつかる

## ―― 放射能汚染による風評被害との戦い

弁護士4年目
［2013年、32～33歳］
年収5350万円

## フットワークがあれば全国どこの仕事にも対応できる

震災以降、何度も東北地方に足を運び、特に被災が甚大だった石巻の水産業界について関心を持ち続けていた。

石巻と関わりを持つようになったきっかけは、小学校からの同級生である田中《たなか》くんとの縁による。

**彼は、僕の人生において最も影響を受け、最大の感謝をしている人物の一人だ。**

10代、20代という僕の人生を大きく左右する期間に僕をあるべき道に進めてくれたのは彼であり、彼の存在がなければ、今、僕はこのように一端《いっぱし》の著書の依頼をいただけるような立場になることもなかったはずだ。

田中くんはロースクール（法科大学院）が設立される前に、いわゆる旧制度の司法試験に合格し、裁判官になっていた。

彼と僕は三重県伊勢《いせ》市出身で、彼の実家は三重県内で中小企業を経営していた。事業内容は海運業だが、水産業界とも親和性があることから、石巻に水産加工業の子会社を営んでいた。

水産加工業とは、漁業者から水産物を仕入れ、それを加工して販売する事業のことだ。そして、この子会社の臼井《うすい》社長が非常に優秀で頭が良く、石巻市内で多大なる信頼を持っている人だった。

震災前から、僕は田中くんの紹介で、子会社が巻き込まれている裁判の代理人になっていた。この裁判自体は震災後に順調に決着するのだが、この案件に携わる中で、臼井社長と随分仲良くなった。

そのため、震災直後から臼井社長と頻繁に連絡を取り合い、被災地支援について何ができるかを相談し合い、また、タイムリーに被災地の情報を仕入れることができた。

これも、日々の案件に全力で取り組み、クライアントからの信頼を勝ち取っていた結果の一つだ。

さらに僕は何度も石巻や東北地方全域に足を運んだ。これまで被災地に出向いた回数は優に100回は超えているだろう。

弁護士業界では、東京では弁護士が飽和状態で競争が激しいため、地方に引っ越そうかと考える人がいる。
しかし、**僕からすれば、そもそも事務所の所在地と、どこの案件を扱うかに絶対的な関連性はない。**

なぜなら、特にコロナ禍以降はリモートが増えたし、面談を要する業務でも、今すぐ来てくださいと言われるケースは非常に少なく、大抵は改めてアポを取るからだ。

そうであれば、東京と石巻でも、電車を乗り継いで3時間半もあれば移動でき、午前に連絡をもらえたら午後には着けるのだから、物理的な距離は仕事を進める上で何の支障にもならない。

要はそれだけの身軽さ、体力と、やる気があるかどうかの問題に過ぎない。

石巻に往復7時間かけて日帰りしたことも何度かあるが、電車の中でも仕事はでき、大してロスにはならない。そして、依頼者はそのような案件に対する覚悟に共感してくれるものだ。

**全国からの仕事を受けるのに障害となっているのは物理的な距離ではなく、その人のフットワークと精神性だけなのだ。**

## 原発事故の放射能汚染による風評被害という課題に直面する

さて、臼井社長と話をしていると、震災や津波による直接的で物理的な被害については、国や自治体の補助金が支給され、また、機構のような支援組織もあり、一応何とか復興の目途がついてきたことがわかった。

それよりも大きな問題は原発事故の放射能汚染による風評被害だった。

震災からもう10年以上が経過した今でも処理水の問題がニュースとなっているが、当時は東京から遠隔地に一時引っ越すような人もいたし、東北地方で生産された食品など口にしたくないと平気で言う人さえもいた。

そして、石巻の海は、原発事故のあった福島の海と隣り合わせだ。

もちろん、消費者の中には全く気にしない人もいるが、本来、差別化を図りにくい日常消費用の水産物に関して、似たような品質と価格であれば、何が何でも東北の水産物を選ぶ動機のある人は少ない。

得体の知れない放射能汚染というリスクを目の前にすれば、念のため東北以外の水産物を選ぶという消費者の行動は仕方のないことだった。

となれば、震災前に比べると、必然的に東北の水産物は、販売数量も販売単価も落ち込まざるを得ない。

しかも、問題は、漁業や水産加工業だけにとどまるわけではない。

例えば、水産加工業者に発泡スチロール等の資材を卸している業者、水産物を専門で運搬している運送業者、水産加工設備のメンテナンス業者等、関連業者も含めるとその影響の広がりは計り知れない。

このような問題は、震災直後から言われてきたことであるが、当時は被災して事業を再開していない事業者も多く、風評被害の影響がどこまで大きいのかがあまり実感されていなかった。

また、**風評被害とは目に見えないものであり、取引業者も敢えて東北地方のものはいらないとはっきり言わないことが多く、被害が可視化しにくい。**

それが、震災から1年、2年と経過し、被災事業者が事業再開していくうちに、風評被害の影響が石巻や東北地方全体に闇として覆い被《かぶ》さっていることがわかってきたのだ。

一方、僕は機構での被災者支援について、ある課題を感じるようになってきていた。

それは、機構を含め、既存の事業再生スキームは、負債を整理して純資産を改善し、借入金の返済状況を正常化させることに特化しており、事業そのものを強くする機能はあまりないという点だ。

事業再生に求められる要件として、営業黒字化は条件設定されているが、せいぜい無駄遣いを見直して固定費を削減するくらいで、抜本的に事業性を高めるような役割は果たせていなかったのである。

そのため、一旦負債を整理しても、日々の事業の収益性が改善しなければ、また赤字が累積していき、二次破綻となってしまう。

しかしながら、未曽有の公害事件である原発事故の風評被害が蔓延《まんえん》している状況下で、果たして、収益改善を果たすことなどできるのであろうか。

そこで僕は、原発事故の風評被害について意識的に調べるようになっていった。

歴史上、原発事故により、これだけの被害を出したケースはなく、いわば原発事故による風評被害を扱った弁護士など世界中にまともに存在したはずがないと言っても過言ではない。

であれば、誰の真似をするわけでもなく、自分で調べて考えて動くしかない。

そして、この大被害の状況に対峙《たいじ》し、僕は以前から思っていた、**現実の法律関係の状況と、本来あるべき法が想定している状況との乖離《かいり》が起きているはずだ**ということを思い返した。

東京電力（東電）の福島第一、第二原発の事故は、単純化すれば、東京、関東圏に送電するために、東北地方という一部の地域の人達が犠牲になってしまったという状況だ。もちろん、地元にも原発関連の経済的メリットはあるが、原発事故の被害の大きさからすれば、比較にならない。

このように、**メリットを受ける側と、リスクを被る側がずれている状況はどう考えても正義に反する。**立法政策も含めて、必ずこの歪《ゆが》んだ正義を正す道が現れるはずだという信念を嚙《か》み締め、僕はこの問題解決に取り組んでいくことを決めた。

突然、「正義」という言葉を使うと急にウエットな印象を与えるかもしれないし、僕は物事を言語化して淡々と意思決定していくドライなタイプと思われることがあるが、敢えて表現しないだけで、内心では常に今あるべき正義は何かを考えながら情熱的に行動しているつもりだ。

それからというもの、当時、国内に存在する「原発事故」や「風評被害」といったワードの入っている文献や裁判例、さらに政府の動きを察知するために、国会や委員会等で原発事故や風評被害に関してテーマとなっている議事録を片っ端から読んでいった。

そして、辿《たど》り着いた結論が、被災事業者から「東電に対して損害賠償請求する」ことだった。

損害賠償請求が認められるためには、三つの要件をクリアしなければならない。

一つ目は東電に「法的責任」が認められるか。

二つ目は被災事業者の「損害」をどのように評価するか。

三つ目は被災事業者の損害と、東電の責任との間に「因果関係」が認められるか、である。

一つ目の問題について、原発を扱う東電には、原子力損害の賠償に関する法律が適用され、原発事故が起きて損害を発生させた場合には、不可抗力以外には免責されないという無過失責任が認められている。

東日本大震災が、この不可抗力に該当するかが論点となるが、1000年に一度は来るであろう大震災とそれによる津波であれば、一応予見可能であって不可抗力ではなく、責任は認められるというのが基本的な方針となっていた。

問題は残る二つ、損害と因果関係だ。

損害の問題について、仮に風評被害によって売上が落ち、被災事業者の手元に残る利益が減っていたとしても、多くの被災事業者は、決算資料等が全て津波で流されていて、証拠が何も残っていない。

税務署に提出した申告書ぐらいは、再度取り寄せることもできるが、**震災前後を通じて、どのような損害があるかを立証するのは容易ではなさそうだった。**

さらに大きな問題は因果関係の認定だ。

石巻は津波による壊滅的な被害を受けた地域で、当然、漁港も工場地帯も、物流も何もかも破壊され尽くしていた。人も石巻を離れていき、過疎化は進み、また、地方の人材として機能していた外国人実習生も母国に帰ってしまい、人的資源も枯渇しつつあった。

仮に原発事故がなかったとしても、津波だけでも大きな損害を被っていたことは間違いないのだ。

**地震や津波自体は自然災害であるから、これらを原因とする損害については東電に賠償請求はできない。東電に賠償請求が可能となるのは、原発事故を原因とする損害についてのみだ。**

この因果関係の立証は極めてハードルが高いことが予想された。あれだけ津波の被害が甚大であれば、被災事業者がいかに損害を被ったところで、基本的には津波のせいだと言われてしまい、その中から目に見えない風評被害による影響を、定量的に抜き出して評価して算出することなど不可能と思われたからだ。

どのように東電に賠償請求すれば良いかを検討しつつも、未曽有の公害事件に対して中途半端な準備で動くわけにもいかず、また、しばらくは機構の業務もあったことから、ひとまず自力で賠償請求を試み始めていた被災事業者からの結果報告を待ちつつ、情報収集に集中した。

## 被災地で進まない賠償問題

この頃、東電は、政府の指導もあり、積極的に賠償に努める姿勢を見せており、被災事業者からの請求をお待ちしていますと言わんばかりの広報活動をしていた。

そのため、東北地方の被災事業者の中には、自力で東電に対して賠償請求している事業者が多数あった。

実際、福島県内で事業を営む事業者には比較的賠償が進んでいた。東電も、さすがに福島県内の事業者の風評被害を否定することはできないと思ったのであろう。

また、石巻等の宮城県内でも、漁業者については、東電は賠償請求に応じていた。福島県と繋がっている宮城県で水揚げされた水産物の売れ行きが悪いことは、さすがに誰が見ても明らかだったからだろう。

しかしながら、**宮城県内において、商流としては、漁業者の下位に位置する水産加工業者や**

**資材業者等については、漁業者のように損害が直接的ではないことや、福島以上に津波の被害が甚大であったという理由で、賠償請求は完全に拒否されていた。**

まさに、臼井社長の会社のように宮城県内で水産加工業を営んでいる会社は、一律で賠償を拒否されていたのだ。東電からは、東北地方以外の水産物を扱えば良いとまで言われていた。

しかし、そんな簡単に東北地方以外の水産物を扱うことはできない。なぜなら、遠隔地の水産物を扱えば運賃が膨らんでしまうし、ほかの地域では仕入れルートや市場で競りに参加する権利を持っていないため、間に複数の商社を入れる必要があってコストが加算され、収支が見合わなくなってしまうからだ。

そもそも石巻に代々住みついて水産業やその関連業を営んできた人達は、三陸で獲《と》れる潤沢な水産物の恩恵を受けて、これまで何十年、何百年と商売を営んできたのだ。それが原発事故という事業者に何の非もない公害事件により、東北地方産の水産物を手放して違う商売をすれば良いとは、盗《ぬす》っ人《と》猛々《たけだけ》しい。

それでも東電は、福島県内では事業内容を問わず賠償の対象とし、宮城県や岩手県では漁業者のみ賠償の対象とするという取り扱いを続けていた。これを突破するには基本的には裁判しかない。しかし、いざ裁判となると、やはり損害や因果関係の立証のハードルが非常に高い。**訴訟手続は、請求する側が、全ての請求原因を立証しなければ敗訴となってしまうからだ。**[50]

%くらい説得的だから、損害の50%だけ認めますという認定はしてもらえない。

消費者庁による国民アンケートでは、東北地方の水産物は敬遠されており、風評被害による損害が生じていること自体は明らかなのだが、風評被害という目に見えないものを定量的に評価して主張することは著しく困難だった。

遅々として賠償請求が進まない現状に憤慨しながら、僕は少しずつ焦っていた。なぜなら、日々赤字を垂れ流している状態で、いつ資金繰りが破綻して倒産してしまうかわからない被災事業者ばかりだったからだ。

## 進まない賠償問題に突破口を見つける

一方、政府は、東電への原発事故に関する賠償請求については、原子力損害賠償紛争解決センターが運営するＡＤＲ（裁判外紛争解決手続）という訴訟ではない調停のような手続を新設していた。

**ＡＤＲは、最終的には合意に基づく解決を前提とするため、訴訟のように必ずしも厳格な立証を要せず、50％説得的であれば、損害の50％だけ賠償するといった妥協的な解決も可能な手続だ。**

これで、石巻の人々が救われるかもしれないと思ったが、まだ問題は解決されなかった。

このセンターの審理においては、賠償指針が定められたのだが、福島県で事業を営む事業者については、業種を問わず賠償の対象となり、また、宮城県や岩手県についても、漁業者については賠償の対象とするのだが、水産加工業者や資材業者等の関連業者については賠償の対象から外されてしまったのだ。

この賠償指針は、確実に賠償すべきものを列挙しただけで、列挙されないものが賠償対象から外れるわけではないという建前だったのだが、東電は賠償指針に記載されていないものには賠償しなくても良いというスタンスを取っていた。

そのため、石巻やその周辺の水産加工業者等の間では、自分達はもはや賠償の対象外だという噂《うわさ》が広まってしまっていた。

この間にも、事業が停滞し、倒産寸前の被災事業者が続出していた。

ほかに打つ手がないのか。

そう思っていた矢先、２０１３年1月末に賠償指針が改定されることになった。

なんと、宮城県や岩手県の水産加工業者等も賠償の対象になると追加されたのだ。

これを境に、**僕は臼井社長からの紹介を軸に、一斉に石巻市内の被災事業者に向けて声掛けを始めることにした。**

## 世界中の誰よりも依頼者のために尽力できるという信念を持つ

ここに至るまでの準備期間で、僕は、震災以降、被災地復興や、特に石巻を中心に原発事故の風評被害について散々調べてきて、それを20枚程度のレポートにまとめていた。

これを被災地で配り歩いた。

レポートの内容は、実際には大したことは書いていなかったかもしれない。

しかし、これこそ僕が、世界で一番、石巻における原発事故の風評被害について調べて考えて情熱を持って継続的に取り組んできたことを示す証拠だ。

**人の心を打つのは、立派な知識や経験ではなく、最後は「ハート」だと思っている。**

どんな人間関係であっても、最後はロジックではなく、いかに感銘させせられるかで人は動くからだ。

この時、尊敬する先輩から言われた、「専門性とは高度の知識や経験だけでなく、いかに依頼者と感情も共有できるかだ」という言葉を思い出していた。

そして、僕が、賠償請求を諦めかけていた被災事業者に対して、東電に必ず賠償責任を認めさせますと力説して回ることで、少しずつ僕を信じてくれる人が手を挙げてくれるようになっていったのだ。

## 地方営業の秘策

といっても、被災事業者がいきなり僕に依頼をしてくれたわけではない。僕がどれだけ情熱を持って、これまで風評被害に取り組んできたかを訴えかけても、被災事業者からすれば、まだ半人前の東京在住の若造のことを、そう簡単に信用してくれることはない。

また、僕が作成した風評被害に関するレポートを配り歩くといっても、いきなり被災事業者に営業をしかけたわけではない。弁護士会の規程で、面識のない人に対して、求められてもいないのに営業をすることは禁止されているからだ。

そこで、僕は臼井社長を頼った。

臼井社長は、震災後には「石巻市水産加工業協同組合」という石巻の水産加工業者を束ねる組合の組合長に就いていた。

**地方では、こういう一定属性の事業者を取りまとめる団体が無数にある。**

例えば、水産加工業協同組合だけでも、石巻のほか、宮城県内には女川《おながわ》、渡波《わたのは》(石巻市)、塩竈《しおがま》、気仙沼《けせんぬま》、松島《まつしま》等、様々な地域に存在するし、例えば塩竈のように一つの地域に四つもの組合があることもある。

また、水産加工業協同組合だけでなく、買受人協同組合、運送業協同組合、青果商業協同組合、商工会議所等の様々な団体があり、このような団体には、それぞれ数十の事業者が組合員として所属して成り立っている。

そこで僕は、各地域の各団体の長にターゲットを絞って信頼関係を築いていくことにした。**長の役割の人にファンになってもらえれば、その団体に所属している事業者からの信頼を一気に得ることが期待できる**と考えたからだ。

まず、すでに親しい関係にあった臼井社長にお願いして、組合長名義で、石巻市水産加工業協同組合が発行する定期的な組合誌や、業務連絡の際に、僕の情報を載せてもらうようにし、地域内で東電への賠償請求に関する説明会を開催することにした。

もちろん、説明会の参加料や相談料は無料だ。

初回の説明会を開いたところ、この組合に所属する70の事業者は全て風評被害の影響を受けているはずだが、集まってくれたのは20くらいだった。

それでも初回の動きとしては十分だった。

当時、まだ僕には東電に対して実際に賠償請求した経験は一件もなかった。

一方、石巻の水産加工業者等の方々も、自ら東電に対して請求をしてきたものの、全てゼロ回答で拒否されてきたのだから、僕の話など半信半疑である。

でも、僕にはやる気と情熱があった。

こんなに正義が歪まされているのに、賠償請求できないわけがない。

そして、**僕が世界中の弁護士で誰よりも石巻の風評被害に関心を持って取り組んできたという絶対的な自信があった。**

だから、東電への賠償請求について全く経験がなく、弁護士4年目に入ったばかりの若手であるにもかかわらず、堂々と説明会を開き、社長達20人を前に、請求の必要性と、これが認められるべきであることや、賠償指針の改定により、今度こそ賠償が認められるはずだということを熱く語ることができた。

そして、何より、どんな質問を受けても堂々と回答することができたのが大きかった。

僕は、誰よりも石巻における原発事故の風評被害問題に取り組んできたのだから、どんな質問にも回答できるし、仮に僕がわからないことは、ほかの誰にもわからないことであり、それは今後考えて解決していくしかないと、はっきり言うことができた。

さらに、**ご依頼いただく場合には「着手金も実費もいらない」と言った。**

全て僕が負担するから、騙《だま》されたと思って、一緒に戦いましょうと力説した。

本当にきちんと勝って賠償金が回収できた場合のみ、完全成功報酬として一定割合に基づいて弁護士報酬をいただければ十分ですという条件を伝えた。

一般に弁護士への報酬は着手金と成功報酬からなり、依頼者には何の成果をもたらさなくても着手金の負担が発生するのが通常だ。他方、それは、弁護士にとっては保険となるのだが、**僕は請求に失敗した場合の負担は僕が引き受けるという覚悟を被災事業者に訴えかけていったのだ。**

結果、説明会に参加してくれた20の事業者のうちの10くらいが依頼をしてくれ、僕は東京に帰った。

# いよいよ本格始動した東電との戦い

ここからが大変だった。

石巻から帰宅した翌週には10くらいの事業者から、段ボールにして計20箱分もの資料が送られてきた。震災前の資料は津波で流失したものが多いが、それでもかろうじて残っていたものや、震災後の資料を大量に送ってもらったのだ。

身震いがした。

僕は事務員も雇っておらず、機構の業務時間外の深夜、早朝や土日等を使って、これだけ大量の資料を精査し、捌き、東電に対して請求をしかけていかなければならない。

しかも、経験は全くなく、実際に勝てるかどうかもわからない。

他方、僕に依頼してくれた事業者の中には、赤字が拡大し過ぎていて、もし僕が東電から賠償金を回収できなければ、そのまま倒産してしまうような事業者も複数含まれている。

そんな崖っぷちの状況で、僕を頼ってくれたのだ。

僕はその重圧を背負いながら、全てをたった一人でこなし、結果として勝つしかなかった。

**僕は、誰よりも石巻の風評被害について真摯に取り組んできたのだ。その僕が代理人を務めて負けたなら、それは仕方がないと腹を括《くく》った。**

そして、２０１３年の春頃からセンターへの申し立てを開始していった。

正直、抑え切れない不安もあった。

実は石巻での説明会では、数人の社長から、こんな若造に何ができるのかという失笑を投げかけられていたのだが、それを思い出すこともあった。

実際に始まったセンターの審理では、僕は常に一人だったが、東電側は僕より遥かに年次が上の弁護士と東電担当者が複数人で対応し、全件において賠償請求を拒否するとの回答をしてきたのだ。

これだけ被災事業者に対して大風呂敷を広げてきたにもかかわらず、やはり何の成果も上げられずに終わってしまうのかという思いもちらついたが、意識的に不安をかき消し、必死に石巻の水産加工業者の被害に関する立証活動を様々な資料に基づいて丁寧に慎重に行っていった。

その結果、最初の一件で、無事に賠償責任を認めさせることができたのだ。

これが、石巻の水産加工業者で東電への賠償請求を成功させた初の事例となった。

人の言葉を借りるが、**まさに自信が確信に変わった瞬間だった。**

その後、2013年が終わる頃には、最初に僕に依頼してくれた全ての事業者について、東電に賠償責任を認めさせ、賠償金を回収することに成功したのだ。

賠償額も大きく、1億円以上の賠償金を回収したケースも何件かあった。

当初、依頼者の中には最後まで半信半疑な社長さんが大半で、僕がセンターでの手続を行っている最中も、どうせ賠償請求は成功しないと思い込んでいて無関心の人さえいた。

しかし、いざ東電に賠償責任を認めさせたという結果報告をすると、毎日のように「いつお金が入金されますか?」と連絡をしてくるようになったのも、今では笑い話だ。

当時、宮城県内では漁業者以外は東電に賠償請求はできないというのが定説化されて出回っていたのだが、**突如現れた東京の若造の弁護士が、自らリスクを負って、完全成功報酬で請求しますと声掛けをして実際に賠償金を回収した**というニュースは、石巻及び周辺の水産加工業者や関連業者を中心に一気に駆け巡った。

このムーブメントは弁護士5年目に爆発的に弾《はじ》けることになる。

そんな弁護士4年目を数字で総括すると、機構からの報酬が1150万円、従前の個人案件及び東電の賠償請求の成功報酬が一部入り、個人案件の報酬は4200万円にも達し、年収は5350万円となった。

# 第5章

# 自分の人生を自分のために使う覚悟を持つ

## ――さらなる飛躍のために独立

弁護士5年目
［2014年、33～34歳］
年収6億1500万円
課税所得5億7600万円

## 震災支援機構への出向を終え、北浜法律事務所に復帰

僕は弁護士5年目となり、震災から3年が経とうとしていた。

石巻の事業者の大半は事業を再開していたため、風評被害の影響が一層顕在化し、どのように風評被害を乗り越えるかが石巻の水産業界では喫緊の課題となっていた。

一方、石巻及び周辺地域では僕の噂が日に日に拡散されていた。

そのため、石巻及び近接する女川や渡波といった地域を巻き込んで、次々と様々な組合で説明会を開かせてもらった。

**石巻で初めて開催した説明会の時と違って、すでに一定の実績を示すことができるし、僕自身も知見を得ていたため、一層堂々と説明ができるようになっていた。**

機構の定休日である土日の2日間で石巻周辺を訪れて説明会や、希望者に個別訪問をするだけで、毎週、何十件もの依頼を受けて帰ってくるようになった。

そして、翌週には何十箱単位で段ボールが届くという事態の繰り返しだった。

当時は自宅兼事務所としていたので、自宅内は段ボールが山積みになった。

複合機を自前で購入していたので、大量の資料をコピーして捌くために、自宅にいる時は常時、複合機が稼働している状態だ。

**いつでもどこでもちょっとした空き時間にでも業務ができるように、常にキャリーケースを引いて資料を持ち運んでいた。**

しかも、事務員を雇わないままだったので、書面作成やセンターへの期日出頭はもちろん、依頼者やセンターとの電話対応や、郵送やコピー、ＦＡＸといった全ての業務をたった一人でこなしていた。

一方、機構への出向は2年間の予定だったため、２０１４年2月末で終了し、3月からは北浜法律事務所に復帰することになった。

すでに僕は石巻周辺の案件を何十件と抱えていたが、気合いで事務所案件と両立させようと思っていた。

事務所に戻ると、パートナーやほかの所員からはよく戻ってきてくれたと歓迎された。

そりゃそうだ。僕を、事務所の貴重なコネを使って機構の出向に行かせてくれ、その間、一人戦力が少ない状態で稼働してくれていたのだ。

**僕は、これからいかに事務所に恩返しをしようかと考えるべき立場であり、また、そうしていきたいと思っていた。**

僕にとって北浜法律事務所は紛れもない最高の法律事務所であり、僕のノートパソコンのトップ画面は、事務所旅行の集合写真にしていたぐらい、本当に事務所のことが好きで、感謝していたからだ。

復帰後の業務は、やはりM＆Aや事業再生が多かった。

ただ、実は機構での業務は、事業者や金融機関を回り、機構の制度説明をし、事業再生計画を作成して利害関係者の同意を得ることが主であり、法律家として格別な知識や経験を身につけたわけではなかった。

そのため、**覚悟や問題点の捉え方については圧倒的に力がついていた**と思うが、例えばM＆Aのディールの契約書作成等は、大したスキルはないままだった。

それでも従来以上に案件に主体的に携われるようになっており、事務所に対して力になれることは多く、ふがいなかった弁護士1、2年目を思い出して、一層能動的に事務所案件に取り組むようになっていった。

## 自分の人生は自分のために使う覚悟を持ち、独立を決断

一方、石巻及び周辺地域からは毎日新たな依頼が殺到していた。

この頃はすでに僕が成果を出した案件数も多くなっていたので、紹介も多く、黙っていても毎週10~20件程度の新規依頼が来ていた。**あっという間に抱える案件量が増えていき、やむなく事務所案件よりも個人案件に注力せざるを得なくなっていった。**

さらに事務所復帰からわずか2週間しか経っていないタイミングで、石巻の臼井社長と以下のような話をした。

石巻及び周辺地域には僕の評判はある程度広まっており、今後も案件はたくさん来るであろう。しかし、石巻から少し離れた塩竈、気仙沼、仙台、松島といった地域にはまだまだ僕の名が届いていない。

そこで臼井社長が、宮城県水産加工業協同組合連合会という、宮城県内の各地域の組合長が集まる定例会に参加する際に、僕の情報を共有してもらうことにしたのだ。

そのため、この時点までの実績を示す資料作りをし、それを皆さんに配布してもらった。何件の実績があったのか覚えていないが、最初の200件は200連勝だったので、この時点でも相当数の連勝を築いていたはずだ。

そして、僕の話をしてもらった結果、各地域の組合長から連絡をもらい、ぜひうちの地域でも説明会を開いて欲しいと依頼があった。

各地域には複数の組合があるが、特に塩竈と気仙沼には大きな組合があり、それぞれ100近い組合員が所属している。説明会を開催すればその度に各地域の被災事業者から依頼が殺到することが予想できた。

いくら何でも、キャパオーバーとなるだろう。

とてもじゃないが事務所案件と両立させることはできない。

そこで**僕は、独立するしかないと決心することになる。**

事務所への感謝は言葉では言い尽くせないし、出向に行かせてもらった以上、それを事務所に還元するのが筋だ。

特に法律事務所は一般企業と違って、所属弁護士の数が限られており、少数精鋭で高コストをかけて英才教育を受けさせてもらうことを前提としており、出向や留学まで行って直ちに辞めるのは業界内の慣行ではタブーだった。

一般企業で何十年も勤めた経験のある人からすれば、たかが4、5年在籍しただけなら、勝手に辞めれば良いと思うかもしれないが、当時の僕の立場と業界慣行からすれば、とてつもない不義理をすることだと自覚していた。

一方、被災事業者の皆さんは僕を頼ってくれている。ここまで順調に信頼関係を築いてきたのに、いきなり依頼をやめてもらうことはできない。

しかも、僕が東北地方に足を運ぶまで、この地域の被災事業者は誰も東電に対してまともに賠償請求ができていなかったのだ。僕が依頼に対応できなくなれば、救われないままとなってしまう可能性すらある。

僕は、パートナーを会議室に呼び出し、独立したいことを伝えた。野暮であるため、独立の経緯や理由について多くは話さなかった。

パートナーからすれば、青天《せいてん》の霹靂《へきれき》であり、全く受け入れがたい様子だった。出向から復帰してわずか2、3週間では当然だ。

ただ、誤解がないようにしたいのは、**僕が宮城県の被災事業者と繋がったのは、北浜法律事務所とは全く関係ない同級生の田中くんから始まった独自ルートだ。**

また、僕が機構で配属されていた東京本部の守備範囲は福島県から南側であり、機構の業務を通じて、石巻及び周辺の案件を受けられるようになったわけではない。

機構での業務をきっかけに被災者支援に強い関心と使命感を持つようになり、それが元から有していたルート開拓の精神的な原動力になったが、事務所によって得た具体的なルートによる案件を持ち逃げしたわけではないことはご理解いただきたい。

## 人生最大の不義理をしてでも自分の道を進まなければならない時

それからさらに2、3週間かけて、何度かパートナーとの話し合いが持たれた。時として、パートナーも感情的になり、激高し、脅迫的な言い方や罵声を浴びたこともある。当然の報いだと思った。

それでも事務所は、僕の意向を必死に受け入れようとしてくれ、1年だけで良いから事務所に残り、僕が出向先で学んだことを残った所員に還元してくれと言ってくれた。それさえ拒んだ僕には、半年で良いから残ってくれと。また、自分の案件があるならそれをしつつ事務所案件を業務委託的にやってもらうといった選択肢もあると、終始柔軟な姿勢で接してくれた。

さらに、「もし何か不祥事でも抱えてしまい、その責任でこっそり辞めるというのであれば、正直に話してくれれば、事務所としては一緒に問題解決したいと思う」とまで言ってくれた。

今、思い出しても感謝しかない。こんなに器が大きく、所員を大切にしてくれる事務所がほかにあろうか。その日、**僕は帰宅して、事務所の寛大さと言葉に尽くせない感謝、そしてそれすらも裏切ってしまう不義理な自分にむせび泣いた。**そんな事務所と決別するのだ。

結局、話し合いは膠着《こうちゃく》したまま、4月末頃を迎えた。

いよいよ、本当に覚悟を決めなければならない。

僕は、断腸の思いで、パートナーにこう伝えた。

「僕は今年で34歳になります。僕の弁護士人生、いやビジネスパーソンとして、一つの山場を迎える30代中盤というタイミングで、どうしても自分が本当に熱中すること以外に自分の人生の一部を費やすことはできません。

僕の人生でこんなにも他人に感謝したことも、それを不義理で裏切ってしまうことも初めてです。自分でもこんなに不誠実な行いをしようとしていることに対して、自分自身が恐ろしく怖い思いです。

それでも独立します。

話し合いでは決着がつかないと思うので、今日付で解雇にしてください。今日、全ての荷物をまとめて事務所を去ります。本当にお世話になりました。」

北浜法律事務所には本当に感謝しかなく、少しでも恩返しをする使命があることは重々承知していた。

しかし、**僕の人生は僕のものだ。本当にここぞというタイミングにおいては、人生最大の不義理をしてでも、自分のために１００％自分の人生を費やすという選択をしなければならない時がある。**

もし事務所への恩を重視したり、世間体を意識したりして、もうしばらく事務所に残るという選択をしても、僕はきっと事務所案件に全力で情熱を注ぐことはできなかっただろう。

自分が本当に望んだ人生でなければ、自分自身を真に熱狂させることはできない。これまで様々なことを両立させるべきという話をしてきたにもかかわらず、この時は独立にこだわったのは、このような思いがあったからだ。

それ以来、一度も北浜法律事務所には足を踏み入れていないし、一部プライベートでも付き合いのあった所員を除いて連絡も取っていない。飛ぶ鳥跡を濁しまくりだ。

でも、今でも本当に北浜法律事務所及び所員の方々には感謝しています。

僕の弁護士4年目までを面倒を見ていただき、僕のビジネスパーソンとしての礎を築いてくださり、本当にありがとうございました。

こうして僕は、2014年5月、弁護士5年目にして独立したのだ。

そして、僕は、大きな覚悟と裏切りと共に独立し、その並々ならぬ思いを抱えたまま、石巻やその近隣のみならず、塩竈、気仙沼、仙台、松島等の地域からの依頼に対し、寝る間を惜しんで一心不乱に業務に勤《いそ》しむようになった。

今思えば、僕程度の年次の弁護士が辞めることぐらい大した話ではなかったのかもしれないが、僕は自分の選択を信じ、覚悟を強めるために、そのように思い込んでいた。

それからというもの、起きている時間は休みなく、書面作成、資料精査、郵送業務、センターへの期日出頭等をこなし続けた。複合機は寝ている間も24時間稼働しっぱなしだった。**1週間のうち、業務時間と就寝時間とわずかな食事時間を除くと、ほかには数時間程度しか使っていなかったと思う。**

平日でも構わず東北地方に出張に行けるようになったことから、さらに現地に赴く頻度も高まった。改めて被災事業者を一つ一つ回っていった。

いつの間にか、石巻、女川、渡波、塩竈、気仙沼等では、見渡す限り、全ての事業者が僕の依頼者となっていき、依頼者の数は何百と膨れ上がっていった。

例えば、石巻市水産加工業協同組合に所属する70の事業者のうち68が僕の依頼者というぐらい、地域を独占していた。

数日間の出張に行く度に、電話ではヒアリングし切れない案件内容を確認したり、顔を合わせて感情を共有したり、面と向かってでないと伝えにくいことを話し合ったりした。

1事業者あたり25分の打ち合わせをして、5分で隣の事業者に移動するというスケジュールで、1時間に2事業者を訪問し、7時から20時までの14時間で28、これを2日間で一気に50以上の事業者を訪問するというようなことを本当に行っていた。

それでも時間が足りないくらいだった。

体力的にも精神的にも限界が来ていた可能性はある。

しかし、**常に自分を鼓舞し、奮い立たせ、自分史上の伝説を作っていると自惚れて業務に取り組むことで、一切の疲れやストレスを感じることはなかった。**

## 依頼者とは人として付き合い、感情を共有する

被災事業者の社長達とは様々な話をしたが、涙なしには語れないこともたくさんあった。

例えば、津波で従業員や家族が亡くなってしまった話や、社長自身が津波に飲み込まれて数日間意識を失っていた話。

また、風評被害についても、一事務員の女性が取引先から「おまえらが扱っている魚には新鮮な放射能がいっぱいふりかかっているんだろう」と心ない言葉を吐かれた話など枚挙にいとまがなかった。

僕は、このような話を聞く度に、被災者達と共に怒り、そして共に泣いた。

**僕は、専門家である前に、一人の人間として依頼者と人間関係を築いているつもりだ。**

かっこよく思われたくもないし、クールな「弁護士先生」とも思われたくない。

また、依頼者によっては一緒に食事に行くこともある。こうなると業務の話だけをするわけ

ではない。

そのため、僕は宮城県内の観光地等にも多少は寄るようにして、地元の方々の文化にも触れるようにした。

依頼者からは、僕を弁護士としてではなく、一人の人間として好きになってもらいたかった。彼らの痛みを単なる仕事としてではなく、自分事として捉えるように努めた。

多くの弁護士は、依頼者とは感情の距離を取ることを良しとする。依頼者と感情を共有し過ぎると冷静さを失い、専門家としての業務方針が乱れてしまうと思っているのだと思う。

しかし、**僕は、依頼者と相対している瞬間は思いっ切り感情を共有し、実際に業務に就く時は物理的にも精神的にも離れて冷静に対応すれば良いだけだと思っている。**僕のような弁護士を素人臭いと蔑む人が大半かもしれないが、これがずっと僕の変わらないスタンスだ。

ただ、結果として、僕ほど市場で必要とされ、依頼をもらった弁護士は数えられるほどしかいないし、市場が求めているのは、専門的知見に加えて感情まで共有してくれる専門家だと思っている。

# 自分でも気づかないプレッシャーを熱狂で乗り越える

東電への賠償請求業務に本格的に注力し始めたのは、独立した2014年5月からだったが、独立後の8か月間だけで100件以上もセンターに新規の申し立てをし、その後数年は常時200件程度が継続中の案件として動いている状態だった。

この時は、いつも気合いが入っており、集中力を維持し、超人的な力を発揮できていた。資料は一度、目を通すと概《おおむ》ね理解でき、継続中の200件は案件データを持ち歩くこともなく、依頼者やセンターから連絡が来ると、手元に資料がなくても少し記憶喚起してもらえれば、論点や事実関係を思い出して対応ができるような状態だった。

センターの審理手続で東電から反論書面が出てくると、基本的には数時間で、遅くても数日のうちには再反論していた。期限が先に設定されていても、そこに合わせていたら未処理タスクが溜《た》まり過ぎてしまうからだ。

また、僕は相変わらず事務員を雇わないようにしていた。

なぜなら、自分と同程度に業務に魂を込めて熱狂してくれる人が見つかるとは思っていなかったからだ。

コピーや郵送業務等の煩雑な事務作業を事務員にお願いすれば、当然、物理的には楽になるが、それ以上に**中途半端に誰かと業務を共有して、僕自身の中に燃えたぎっている熱狂状態の純度を下げないことを大切にしていた。**

**熱狂の純度さえ保てていれば、どんなことでもやり切れる**と思っていたからだ。

これだけ熱狂的に業務を行う中、自分でも気づかない振りをしていたが、実はとてつもないプレッシャーを感じ続けていた。先にもお話ししたように、僕が失敗してしまえば倒産してしまうような事業者ばかりを扱っていたからだ。

この数年後、東電への賠償請求も一段落つき、旅行で東北地方を訪れた際、何度も足を運んできた場所にもかかわらず、石巻の地に降り立つと、急に恐怖を感じ、体が震え、涙が溢《あふ》れ出してしまったのだ。

PTSD（心的外傷後ストレス障害）というと大袈裟《おおげさ》であるが、**当時はプレッシャーを乗り越えられるように何度も自分を奮い立たせ、意図的に熱狂状態を維持し、いつ飲み込まれてしまうかもしれないプレッシャーに蓋をし続けていた**が、時を経て改めてこの場所に立つと、あの時の怖さを思い出してしまったからだ。

このプレッシャーを乗り越えるためにも、僕は自然と一層自分自身を感情的にさせ、無理やり恐怖を見て見ぬ振りをして一心不乱に業務に邁進していたのだ。

## 現地まで足を運んでリアルを感じる

業務とは直接関係ないが、原発事故や放射能汚染自体への関心も高まっていたため、この年はウクライナのチェルノブイリ原発事故跡を訪問した。

今はロシアとの戦争で行きづらい地域であるが、2011年から正式にツアーが開催され、年間数千人が訪問しているようだ。

ツアーでは、避難区域の30㎞圏内どころか、メルトダウンした4号炉の100m近くまで行けるが、原発事故跡のすぐ近くにあった街は、一部を除いて廃墟《はいきょ》と化し、生えっぱなしの雑木が建物を破壊している。学校の教室内には、事故直後に生徒が使っていたガスマスクが散乱し、また、遊園地には観覧車が放置されている。
放射線量は、毎時2・67μSv（マイクロシーベルト）くらいで、自然状態の10倍くらいだが、健康被害で言えば誤差の範囲。ただ、人が歩かない地面の上だと、さらにその10倍くらいにはなる。

このようなリアルな体験によって、一層、被災地の方々との感情を共有できるようになった。

このように、**僕は興味を持ったことに関しては実際に現地まで足を運ぶことをとても大切にしてきた。映像体験できる時代らしくないのかもしれないが、わざわざ足を運ぶ労力も込みでストーリーとして感情に残ると思っている。**

ほかにも過去には『ホテル・ルワンダ』（2004年）という映画を見て興味を持って中央アフリカのルワンダまで行ったり、「日本のシンドラー杉原《すぎはら》千畝《ちうね》物語　六千人の命のビザ」（2005年、日本テレビ）というテレビドラマを見てリトアニアのカウナスにある日本領事館を見に行ったり、千円札の肖像が夏目《なつめ》漱石《そうせき》から野口《のぐち》英世《ひでよ》に変わった際にガーナのアクラにある野口さんの研究所を見に行ったりした。

こういう活動から直接何かを学ぶわけではないが、リアルを感じることを大切にする日々の行動から、興味を持ったものには現地まで行くほどに関心や情熱を高めることや、それを実行するフットワークやバイタリティを培ってきたのだと思う。

それが結果的に、僕を東北地方まで足を運ばせ、被災者の生の声を聞き、風評被害という課題にリアルに直面して、解決のために具体的かつ情熱的な意識を向けさせるきっかけとなった。**仕事においても、何かほかに抜きん出てチャンスをつかむきっかけになるのは、プライベートを含めた日頃からの自分の生き方から身につけた素養がものをいうのだと思う。**

## 弁護士5年目、独立後8か月にして年収6億円を超える

弁護士5年目を数字で総括すると、終了した東電への賠償請求の案件数は100件ほどあり、東電からの回収額は50億円に到達しようとしていた。

僕の個人案件の売上は年収6億円を超えていた。

さらに、別の項でお話しするが、この年から不動産投資も始めており、この売上を合わせると計6億1500万円となった。

調べてみると、**プロ野球選手で同じ5年目の過去最高年俸を抜いたようだった。**この頃はゲ

ーム感覚で売上の数字を考えるようになっていた。

学生時代の模擬試験のように、売上を数字として楽しみ、若手弁護士の伝説を作っているかのように思い込んで、モチベーションを維持させていた。

収入は一気に10倍以上になったものの、生活レベルに大きな変化はなかった。

ブランド品にはほとんど関心がなく、試しにいくつか買い漁ってみたが、全く興味を持てなかった。

自宅家賃も、司法修習生の時で9万円、弁護士1年目の途中から出向に行くまでが16万円、3年目の出向のタイミングで東京・港区《みなと》の六本木《ろっぽんぎ》ヒルズレジデンスD棟に引っ越したが、単身者用の狭い部屋だったので24万円程度だった。

弁護士6年目に六本木の東京ミッドタウン・レジデンシィズに引っ越し、そこが75万円くらいで、ようやく収入に対して少しは見合う部屋に住み始めたくらいだった。

ミッドタウンに引っ越したのは、六本木ヒルズに住んでいた間に、六本木の住みやすさを知ってしまったからだ。手頃なお店から高級なお店まで揃っているし、友達も集まりやすい。

六本木は、六本木交差点や西麻布《にしあざぶ》のイメージが強くて、騒がしく、ギラついた印象を持たれやすいが、住民にとってはそうではない。六本木ヒルズから麻布十番《あざぶじゅうばん》方向に広がる一帯と、ミッドタウンから乃木坂《のぎざか》方向に広がる一帯は、閑静な住宅街だ。**僕もギラギラしたクラブやキ**

**ヤバクラの類いにはほとんど行ったことがない。**ただ、したことないことは一度はやってみようということで、六本木のホストクラブで超短期でバイトしたことはあった。

そういえば、この年は前年からの売上が一気に10倍になったことから、独立して1年目にしていきなり税務調査の対象になった。しかし、指摘を受けて修正申告をした箇所はわずかで、追徴された金額は50万円程度だった。

この年度分だけで所得税として2億3500万円、住民税5800万円、個人事業税2900万円の計3億2000万円以上を納税させていただいた。

一方、業務への熱狂とは矛盾するように思われるかもしれないが、独立した1年目でこれだけ実績を上げげつつ、年末には南アフリカを数週間かけてバックパッカーとして旅しており、年越しはジンバブエで過ごしていた。

先にもお話ししたとおり、**どんな状況であっても、複数のやりたいことに同時並行で取り組んでいきたいと思っている。**僕にとっては、弁護士業務も旅も同じように熱狂する対象であり、本質的な違いはないからだ。

僕は2024年8月時点で約180か国を旅してきたが、大学卒業までに旅した国数は20か国くらいだから、社会人になってからの方が時間もお金も作って、旅に出ている。

弁護士業をフル稼働させていた時は、海外でも業務をし続けるため、大きいスーツケース二つ分の中に大量のファイルを入れて持ち歩きながら旅していたぐらいだ。

**何かと忙しいと言う人もいるが、時間は絶対に作り出すことができると思っている。**

それでこそ、人生に多くの「成幸」をもたらすことができる。

第6章

# 一つの成功に甘んじず、新しい挑戦を探し続ける

## ――冒険家グランドスラムや芸能界にも挑戦

弁護士6年目
［2015年、34〜35歳］
年収6億6700万円
課税所得5億4100万円

# 2年連続で課税所得5億円を超え、「日本一稼ぐ弁護士」となる

引き続き東北地方の依頼者からの案件を集中的に扱っていたが、ほぼ負けずに連勝で突き進んでいた。

水産加工業者以外にも、水産業の関連業者である資材業者や運送業者もまとめてご依頼をいただくようになり、また、野菜等の青果物の業者からも依頼を受けていた。

地域も宮城県に限らず、ほかの東北地方の地域や、関東圏からの依頼も扱っていた。

他方、説明会で一度お会いして、名刺交換して軽く相談には乗ったものの、実際には請求することをためらっている事業者の方もまだまだ多かった。

地元の方々が真面目過ぎて、大企業の東電からお金をもらって良いのだろうかと悩まれている人もいた。

しかし、風評被害とは、事業者には何の落ち度もないのに突如、事業が侵害されてしまった

ものであって、いわば交通事故の当て逃げに近い。被った損害を賠償してもらうのは、タナボタ的な利益ではなく、凹《へこ》んだ状態を戻すだけに過ぎない。

そこで、**僕は説明会に参加していただいた方々で、請求をためらっている100~200程度の事業者に対して、一つ一つ手書きで、東電への賠償請求の仕組みや実績、各社特有の注意点などを書いた手紙を送った。**

これが非常に効果的で、手紙をきっかけに何十社ものご依頼をいただいた。

このようにして、僕は広告を一度も使わず、説明会や実績に基づく紹介と口コミで大量の依頼をいただくようになっていった。

他方、弁護士6年目の夏以降は、自分で業務をする時間を一気に減らし始めた時期でもあった。1か月単位で海外に行っていたし、後にお話しするようにリタイヤも意識し始めていた。

それでも弁護士業だけで6億4200万円もの売上を上げることができた。事務員も雇わず、途中から一部協力弁護士との共同受任形態を用いたものの、これだけの成果を上げることができたのだ。

**僕は「日本一稼ぐ弁護士」を自称したが、これには一応根拠がある。**

国税庁が毎年、業種別に年間課税所得レンジごとの人数を公表している。これを見ると、主たる事業を弁護士とする人では、2014年も2015年も最も高いレンジは5億~10億円であった。

そして、僕は弁護士5、6年目にいずれも課税所得が5億円を超え、2年連続で最高レンジに入ることができた。もちろん、同じレンジには何人かいるわけなので、実際には1番ではないかもしれないが、2年連続で入っていれば、大きな相違はないだろうということで、このような自称をした。

ちなみに僕のアンチの一人が「日本一稼ぐ弁護士」というのは詐称だとして、僕が所属する東京弁護士会に懲戒請求したこともあるが、弁護士会は合理的根拠がないとは言えないとして、懲戒請求を却下した。つまり、弁護士会からのお墨つきというわけだ。

もっとも、これは拙著の出版社に提案されて自称しただけであって、実際には僕より稼いでいる弁護士はまだまだいる。形式的には個人の収入はそこまで高くないが、事務所の収入として数十億円単位で稼いでいる人もいるし、過去にはピーク時に数百億円稼いだ弁護士のことも知っている。

また、**弁護士業そのものの稼ぎではないが、弁護士としての立場や知識を利用して、起業して上場させたことにより莫大《ばくだい》な資産を得るケースもある。**

あくまで公表されている情報だけを頼りに、「日本一稼ぐ弁護士」を自称したが、決して本当に僕がトップだと思っているわけでもなければ、もっと稼いでいる弁護士のことを知らないわけではないこともお伝えしておきたい。

## 成果を上げる秘訣は行動力、スピード、覚悟だけである

東電への賠償請求を多数扱っていた流れは、弁護士6年目以降も数年間は続き、最終的に延べ500件を超える申し立てをし、東電から回収した賠償金の合計額は約150億円というとてつもない成果を上げることができた。

これだけの成果を上げられたのには、いくつかの分岐点があったと思う。

まずは、**弁護士1、2年目で事務所案件を一所懸命こなして、事務所内評価を十分に高められたことだ。**これがあったからこそ、出向というチャンスを与えてもらうことができた。出向によって直接依頼者を獲得したわけではないが、震災復興への関心を高め、その勉強をしやすい環境にいたことは、成果を上げる一要因だったと思う。

次に**震災直後から、弁護士として何か価値を見出せることはないかと意識を持ち、震災復興**

**や特に風評被害について自分なりに調べ、考え、情熱を持ち、取り組んできたことだ。**このような行動の軸があったからこそ、様々なハードルにぶつかった時にも、諦めずに一本筋が通った道を進めたと思う。

さらに、そのような積み上げた覚悟があったからこそ、思い切って大手の法律事務所から独立するという決断ができたし、独立後の業務についても、実際の依頼者を前にした説明会等で、経験のない若造でも信頼を得られるほど堂々と説明や対応ができた。

もし最初の説明会で、自信なく、ただ組合長に連れて来られただけの弁護士といった感じであれば、多数の依頼をもらうことはできなかったはずだ。

そして、依頼者と接点を持てるようになった後、何度も東北地方まで足を運び、実際に依頼を受けた際の具体的な案件を滞りなく大量にこなすことができたのは、持ち前の行動量、フットワーク、スピードを発揮できたからだ。**常時200件程度の案件を同時並行でこなしていたが、一度も期限を徒過したことはなかったし、依頼者からの全てのメールを基本的には1時間以内に、遅くとも24時間以内には返信していた。**

これができていなければ、これほどに僕の評判は広まらなかったし、紹介もしてもらえなかったと思う。

本来、事務員を雇い、所内システムをＩＴ化して作業効率を図るべきだったのかもしれないが、僕はワードとエクセルの四則演算しか使わずに、ノートパソコンと複合機のみの備品を用いて、多大な成果を上げていった。個人で年間数億円程度であれば、このようなぶん回しでも達成可能だ。

このように、様々な分岐点を全て乗り越えられたからこそ、大きな成果を上げることができた。単に弁護士で震災前から石巻に多少の縁があっただけでは、活動を広げることはできなかったはずだ。

しかしながら、**僕がしてきたことのどれを取っても特別なことはない。誰でもできることばかりだ。僕はほかの弁護士と比べて頭が良いわけでもなく、分析力にすぐれているわけでもなく、仕事が丁寧なわけでもない。**

東電への賠償請求の業務自体は、普通の弁護士であれば誰でもこなせる。

そして、大震災が起きたのは全弁護士にとって同じタイミングであり、その時点では誰もが同じ成果を上げるスタート地点にいたはずだ。

しかし、この件に関して、僕より成果を上げてきた人は一人もいないのが現実だ。

そんな**僕が唯一、秀でていたのは行動力、スピード、覚悟だけであり、これらが決定的に重要だったのだ。どれもその気になれば真似できるものでしかない。**

専門家において求められるのは、深い知識や幅広い経験だけではない。行動力、スピード、覚悟を圧倒的にぶち抜けられれば、誰にも負けない強い武器になるのだ。

## ほかの人ができないことにこそ、遣り甲斐を感じる

弁護士の業務としては、東電への賠償請求だけを扱っていたわけでもない。事業再生案件もわずかながらあったし、東北地方の依頼者から別の案件を依頼されることもあったし、友人からの紹介等もあった。

その中でも記憶に残っているエピソードを紹介したい。

これは実際に起きた話であり、事案を抽象化してニュースや特別番組でも取り上げられたことがある事件だ。

それは、マインドコントロール、すなわち洗脳の事件だ。

被害者の女性は、占い師から洗脳を受け、多額の借金があると思い込まされ、水商売で何年間も必死に働かされ、トータル1億円以上もの稼ぎを得たものの、ほぼ全額を占い師に詐取さ

れたという事件だった。

被害女性は、当時、複数の法律事務所に相談に行ったようだが、どの弁護士からも受任を断られた後、友人経由で僕なら受けるかもしれないということで紹介された。

おそらく、**僕なら損得勘定抜きで受けると思われていたのだろう。**

被害女性と1時間ほど面談をした結果、ほかの弁護士達が受任を断った理由がよくわかった。

まず、被害女性は1億円以上もの稼ぎを占い師に渡したのだが、全て現金手渡しであり、お金を詐取されたことの証拠が一切なかった。

また、占い師とのやり取りも一切記録が残っていなかった。携帯電話のメールでやり取りしていたようだが、その携帯電話を紛失してしまっていた。

つまり、被害を立証するための物的証拠が全くなく、裁判を提起しても勝訴できるか否かが全く不明な状況だったのだ。

そして、最大の問題は、被害女性には弁護士費用を支払うお金が全くなかったことだ。

被害女性は、水商売で報酬を得て、それを占い師に渡していたが、法的には一度稼いだお金を自由に費消してしまったことと同じだ。とすると、まず稼いだ時点で所得税が発生するのだが、被害女性は洗脳状態にあったため、税務申告をしていなかった。

そのため、国税局の査察に入られ、被害女性には数千万円単位での追徴課税がされていたのだ。

しかし、実際の稼ぎ分は全て占い師に渡してしまっており、手元には全くお金がなく、残ったのは多額の租税債務のみだった。

すなわち、被害女性は、占い師からの洗脳による多額の金銭詐取について、一つも物的証拠を持っていなかったばかりか、お金がないため、弁護士に依頼しようにも相談料や着手金はおろか印紙代等の実費も支払いができない状態だったのだ。

その上、仮に様々なハードルを乗り越えて、占い師に勝訴したとしても、占い師が賠償できる資力を残しているかはわからない。これは、弁護士費用について、勝訴しても成功報酬から回収することは期待できないことを示していた。

弁護士も商売としてやっているわけであり、難解かつ報酬がもらえる可能性が低い案件は断らざるを得なかったのであろう。

しかし、かっこつけるわけではないが、**僕は、ほかの人ができないことにこそ、遣り甲斐を感じる。**

そして、僕は被害女性にこう話した。

「非常に厳しい状況であることはわかりました。

しかし、これは正義が大きく歪められている状態であり、それは正されなければならない。

うまくいくかどうかの前に結論は決まっています。正義が正される道が残っていないとは限らない以上、やれる限りでやる以外にない。

それと、証拠はあります。それはあなたです。

僕は、出会ったばかりのあなたと1時間話してみて、とてもあなたが嘘《うそ》をついているとは思えなかった。物的証拠はなくても、あなたが話す言葉は人証《にんしょう》という証拠になります。

**弁護士費用はいりませんし、印紙代等の実費も僕が負担します。もしきちんと勝訴して、詐取されたお金が回収できた場合のみ、そこから完全成功報酬として費用をいただくので構いません。**

できるところまで、一緒に戦いましょう」

そして、実際に訴訟提起をし、案件を進めていくと、紛失したと思っていた携帯電話を発見したり、国税局が裁判に協力してくれて査察時の資料を共有してくれたり（国税としては勝訴して賠償金が回収できなければ、税金の回収もできないからであろう）と、勝訴の見込みが増していった。

最後に、証人尋問で、まさに僕がこれこそが証拠だと思っていた、被害女性からの生の声を裁判官に聞いてもらい、結果、合計1億円を超える勝訴判決を獲得し、さらに回収までることができたのだ。

一般に洗脳事件では証拠がないことも多い。洗脳状態で警戒心がないわけだから、わざわざ証拠を確保する意識がないのは当然だ。過去の裁判例でもこれだけ大きな勝訴判決はほぼ見かけない。そのため、複数のニュースで取り上げられたり、判例雑誌にコメントを求められたりもした。

被害女性とは今でも連絡を取るが、生活を立て直して元気に暮らしており、本当に記憶に残る事件だったと共に、**本来あるべき正義は何なのかという結論をまず固定した上で、業務に取り組むことがいかに重要か**を再認識させられた。

嫌味な言い方をすれば、この件は、結果論ではあるが、勝訴して被害女性の被害回復が可能な案件だったわけだ。

それにもかかわらず、自分の目先の損得で依頼を断った弁護士達は、この件に関する存在価値はゼロだ。

仮に全ての弁護士がこの依頼を断っていれば、本当は被害回復が図れるのに、女性はその機会を失っていたことになるのだ。

**いくら弁護士も商売だといっても、全ての案件で黒字にする必要はない。多数の案件を扱った結果、全体として黒字になれば、中には赤字の案件が含まれても良いではないか。**

それでこそ、自分が思う正義の実現に繋がるのだろうと思う。

この点においても、僕が東電への賠償請求で一定の経済力を得たことは、僕を一層自由にしてくれていたと言える。

## 弁護士業のピーク時にリタイヤを考える

ここまで弁護士業に関して、様々な話をしてきたが、僕は自分が弁護士という職業で完結しているとは全く思っていない。単に弁護士資格を有し、様々な活動の一つとして弁護士業務もしているだけだと思っている。

逆に、自分は弁護士という職業人であると思い過ぎてしまうと、資格の枠にはまった生き方しかできなくなってしまう。弁護士バッジなんて、やりたいことに使った後は使い捨てで良い。

**資格は、自分の行動範囲を広めるものであって、狭めるものであってはならない。**

例えば、人生が10回あれば、仕事を捨てて旅に出たいといった空想の話をする人がいる。

しかし、人生は1回しかない。

そうであれば、**1回の人生で、その10回分のやりたいことを全部やるしかない。**

弁護士業務にも熱狂してきたが、僕の人生はこれにとどまるわけではない。ほかのことにもどんどん挑戦していきたいと思っている。

結論から言うと、**僕は、弁護士業務を辞めることにした。**

理由は大きく三つある。

一つ目は、**弁護士業務に携わっていると自由度が圧倒的に低くなる**ことだ。

ほんのわずかな案件を受けているだけであれば、さほど自由度には影響しないが、数十件程度でも案件を受けてしまうと、もはや身動きが取れなくなってしまう。たった2、3か月海外に出かけることすら、一気にハードルが高くなる。

だから、自由度を高め、弁護士業務以外のことにも挑戦していくためには、案件を手放していく必要があった。

二つ目は、**弁護士業務を通じて、十分納得のいく経験という対価が得られた**ことだ。

僕は、この何年間かで、ビジネスパーソンとしても人間としても、非常に成長させてもらうことができた。「仕事の対価は報酬と経験」という話をしたが、この年次にしては十分過ぎる経験を得ることができた。

そうであれば、次なる経験獲得を目指すのは、弁護士業という枠にとらわれずに探したいと思った。

三つ目は、**もう一つの対価である報酬が十分得られた**ことだ。

結局、僕は東電への賠償請求業務だけで、弁護士6年目以降も含めると計20億円以上の報酬を得ることとなった。

半分は税金で引かれるとしても、10億円は純資産が残る。

旅行と食事以外にはさほど贅沢《ぜいたく》をしない僕にとっては、自分や家族が生涯を全うするには十分なお金だ。

さらにこれ以上お金を得るメリットがあるとすれば、何か社会にインパクトを与えるほどの桁違いの経済力が得られる場合だ。

しかし、弁護士としてトップ層の収入であっても、せいぜいこの程度の稼ぎにしかならなかった。

弁護士業は業務の大半が属人的で労働集約型であるためスケールしにくい。また、上場やイグジットという概念がなく、起業家によるバイアウト時の課税が20%の税率であるのに比べて、弁護士業には、所得税、住民税、個人事業税を合わせて60%もの税率で課税され、手元にお金が残りにくい。

このように弁護士業では、桁違いの経済力を得るハードルは極めて高く、そうであれば、中途半端に程々の収入を求めるメリットがない。

以上のとおり、経験の面でも経済力の面でも、今のまま弁護士業務を続けることに大きなメリットがなくなってしまったのだ。

弁護士業務に関して、偉そうに正義という言葉まで使っていたが、結局、自分本位の理由で弁護士業を辞めるのだ。人生のステージごとに、僕の価値観や、興味や関心の対象は変わっていくし、それに応じて熱中するものが変動していくのも当然だ。

僕は、さらなる新しい挑戦をするために、**弁護士業という枠を完全に外してしまい、人生の選択肢の自由度を解放した上で、改めて自分がやりたいと思えることに人生を費やしていきたい**と考えたのだ。

## 好きなライフスタイルを追求するための仕組み作り

このような考えは弁護士5年目の時点ですでに持ち始めていたことから、**当面使う予定のない純資産を再投資に回し、最低限の生活が維持できる不労収入の仕組みを作っておこう**と、不動産投資を始めていた。

といっても、弁護士業務に力の大半を割く中で始めたことであり、素人知識に過ぎないが、お話ししてみたいと思う。

僕は、国内の地方にある中古木造アパートを一棟単位で大量に買い漁ったのだ。

その数、北海道、青森、長野、新潟、群馬、埼玉、千葉、山口等、全国で32棟。部屋数で言えば300部屋くらいになる。

**株式等の流動資産への投資ではなく不動産投資を選んだのは、弁護士業務に熱中する中、短期的な投資に意識を向かせたくなかったからだ。**不動産投資であれば、一度購入してしまえば、当分長いスパンでゆったり様子を見ていることができる。

不動産投資は、購入した不動産の転売で稼ぐタイプ（キャピタルゲイン）と、一度購入した不動産を保有し続けて収益で稼ぐタイプ（インカムゲイン）に分かれる。前者は、資産価値の値上がりが大切であるから、都心の一等地の鉄筋マンションやビル等の物件が向いている。僕は後者であり、地方の中古木造アパートが良いと考えた。

投資対象を海外ではなく国内に選んだのは、当時は、弁護士業務に熱狂しており、不動産業を本格的に学ぶつもりがなく、勉強や取引ルートを構築する必要のない投資をしたかったからだ。

**東京ではなく地方、さらに鉄筋や鉄骨ではなく中古の木造アパートを選んだのは、単純に最も利回りが良いからだ。**

地方の木造アパートは、すでに資産価値が落ちている分、利回りが非常に高く、僕が購入したアパートは平均利回りで15%を超えている。

中古アパートは耐用年数が22年であり、耐用年数が切れて担保価値がなくなるとローンが設定できない。そのため、買い手はキャッシュでの購入が求められ、買い付け候補者が減ることから購入単価が下がる。他方、物件が古くなっても、部屋の賃料はある程度の築年数で下げ止まりするため、利回りが高くなるのだ。

そのため、**僕は築年数が敢えて20年程度経過している物件ばかりを買っていった。**

本来、不動産投資を生業《なりわい》としている人からすれば、借入を望み、いくら借入できるかが最も重要だと思うが、僕は積極的に稼ぎたいというよりは、定期預金よりは利回りの良い再投資ができれば良いというぐらいの方針だった。

そのため、借入は一切せずに、全て現金で購入していった。僕が保有する不動産には一切抵当権が設定されていない。

買い付け不動産の探し方は、全てインターネットだ。不動産投資を始めると、よくお得意様だけが得られる情報のようなものが出回ってくるが、あまり信用していない。売却者からすれば、よほど例外的な事情でもない限り一円でも高く売りたいはずで、買い手をインターネットで広く募らない理由がないからだ。

また、**僕は、購入するアパートの現物は一切見ずに購入していった。**僕のような素人が現物を確認したところで、何も評価できないからだ。

収益重視の不動産投資で大切なのは、結論として、購入金額に対して、年間いくらの収益が得られるかのみだ。築年数や、駅から近いか、駐車場がついているか、近隣の環境等は何でも良い。仮に古くて不便なアパートでも、利回りが良ければそれで良いわけだ。

利回りは、現在のレントロール（各部屋の入居状況、賃料等の情報）で確認できる。レントロールが虚偽でないかどうかだけ、賃貸借契約書と入金明細で必ず確認した。

情報としては、これと直近1年間の主なコスト（修繕費用、共益費用、固定資産税等）を把握できれば十分だ。

その上で、購入時点での、購入価格に対する、1年分の収入実績が、14～15%以上の利回りとなる物件だけを購入していった。

ここで重要なのは、実際の利回りしか意味がなく、満室想定の利回りには何の価値もないということだ。その不動産の現実の収益力だけが大切だ。人によっては、満室かどうかを気にする人がいるが、空室率は一切関係ない。むしろ、現状利回りが良いなら空室率は高い方がアップサイドも見込めるからより良い。

実際に購入した不動産の運用で少し特徴的なのは、火災保険や地震保険等の各種保険を一切かけていないことだ。**保険とは致命傷を防ぐものであって、保険会社のコスト分、期待値としてはマイナスになるのが通常だからだ。**

僕が保有する32棟のアパート全てに保険をかければ、保険料だけで年間数百万円程度は必要になる。そうであれば、事故が起きた都度、自腹で対応する方が安い。

だいたい全国で32棟も購入したのだから、これ自体、相当なポートフォリオをなしている。例えば、仮に一つの棟が何らかの理由で全壊したところで、僕の不動産事業全体の売上が3％落ちるだけだ。

ちなみに僕が不動産投資を始めてから現在に至るまでの約10年で、一番大きかった事故は、北海道の札幌《さっぽろ》市内のアパートの一室からの寝タバコによる失火だ。早朝に管理会社から電話があり、札幌のネットニュースを見てみたら僕の保有するアパートが燃えていた(笑)。

しかし、素早い消火活動のおかげで、被害は出火した一室のみで、延焼は少なかった。とはいえ、隣人の家財道具も消火活動で汚してしまったことから、それらを全て僕が賠償して350万円の損害になった。

毎年のようにこの規模の事故が起きるのであれば、保険をかけた方が経済的には得をするが、約10年で、その次に大きな事故はせいぜい数十万円単位の漏水ぐらいだった。**保険は、不動産業に限らず、強制加入のものを除き、自分自身にも一切かけていない**。保険なんて事故時の保険金の上限はせいぜい数億円だ。であれば、仮に事故があっても、自腹で賠償できる純資産はあるので、期待値に従って、保険には加入しない方が良い。

## 不労収入が年1億円を超えたところでビジネスの土俵から撤退する

このような方針で、次々と不動産を購入していったが、その目安は、購入時点の賃料の総額が年1億円を超えるところまでであった。特に理由はないが、キリ良く1億円の不労収入が手に入るだけの不動産を保有しようと思った。そうすれば、その後、一層**お金の心配なく好きなことに邁進できる仕組みが作れた**と思えるからだ。それがたまたま32棟だった。

購入する物件を全て個人で所有してしまうと税率が高くなってしまうため、1：2くらいの割合で、資産管理用の法人に多めに所有させている。僕を一人株主、一人役員とする資産管理会社（株式会社福永不動産）を新設し、個人で稼いだキャッシュを法人に貸し付けた上で、この法人に不動産を購入させている。

福永不動産という名前はダサいが、地方の中古木造アパートをターゲットにしている以上、借主も地方の方々だ。**わかりやすいダサい名前の方が親近感がある**と考えて、この名称にした。

ちなみに僕が、不動産を「保有」するという言い方をしているのは、所有者が僕個人だけではなく、法人を介して所有しているものもあるからだ。

不動産事業の年間売上は、個人で約３０００万円、法人で約７０００万円だ。

これは売上ベースだから、ここから各物件の管理会社への委託料２~５％、広告費、固定資産税、修繕費や共益費用等を除き、減価償却費等を足し戻した営業キャッシュフローベースだと、個人と法人合わせて、ピーク時で８５００万円程度あった。

なお、本書で僕の収入が記載してある箇所があるが、これには法人分は含まれていない。

今現在では当然、売上も利益も減ってきているが、それでも売上ベースで約９０００万円、営業キャッシュフローベースで約７０００万円あり、10年経っても思ったより減少していないのでホッとしている。

**僕はこの程度の不労収入の仕組みを作り、30代中盤にして、ビジネスの土俵からは撤退することにした。**

## 弁護士業をリタイヤするための仕組み作り

僕は、弁護士6年目からは、新規の営業活動をやめ、既存のクライアントとその具体的な紹介案件のみをこなすようにし、少しずつ手持ちの案件を減らしていくことにしていた。

そう考えると、東電への賠償請求業務に本当に熱中したのは、独立してからの1年程度だったと言える。しかし、これぐらい**短期間だったからこそ、魂を込めて突っ走ってこられたのだと思う。**

これまでは全ての業務をたった一人でこなすようにしていたが、今後はほかの弁護士を雇用したり、協力弁護士を探したりして、共同受任の形で既存案件をこなしていくことにした。

それまで一人で全ての業務を担っていたのは、弁護士といっても、質はピンキリで魂を込めずに半端に案件をこなす人がいくらでもいるからだ。

実際、協力弁護士の採用活動をすると、全く使い物にならない弁護士からも応募があり、辟《へき》易《えき》することもあった。

結局は、10人前後の弁護士と一緒に共同で業務をさせていただいたが、この方々に関しては十分な業務品質を維持してくれた。僕がクライアントとの連絡を取り、案件の方針指示等のまとめ役をするが、実際に書面作成や細かいヒアリングについては実作業を行ってくれる弁護士が担当してくれた。ある程度の規模のある法律事務所のパートナーとアソシエイトの関係と同等だ。

そういえば、Twitter（現・X）で都行志《みやここうじ》という弁護士が、このような僕の業務形態に関して、悪質であるといった批判を展開し、さらにほかの弁護士達も追随して僕を批判してきたことがあった。しかし、上述したとおり、同様の業務形態は多くの弁護士が行っており、何ら問題がないものであり、敢えて事情を知らない一般の方が見ているTwitter上でこのような陰湿な批判を展開するのは、エリート意識の強い弁護士特有の嫉妬なのかもしれない。この件で、都弁護士と裁判になった際には、都弁護士自身が僕の業務形態は何ら問題がないと掌《てのひら》を返して自認していたぐらいだった。

## 成功者であるからこそ、過酷な挑戦も楽しめる人間であるべし

**僕が手持ちの業務を減らすことで、まずやりたかったことは海外放浪だ。**

僕は、高校を卒業する頃からバックパッカーを続けており、社会人になってからも世界中を旅してきた。これまで旅した国数は2024年8月時点で約180か国になる。

自分が日頃慣れた環境でない環境に身を置くと、それまで感じたことがない驚きや感動や不安等を感じられ、時としてそのような感情に向き合い、乗り越えていくことで、自分の人間力を少し強くしてくれるように感じられるのが凄く好きなのだ。

このようにして、自分で自分を一層好きになっていけるような経験を積むことを第一優先に考えている。

マイナーな国で言えば、北朝鮮、イスラエル、中央アフリカ諸国等にも行ったし、ぱっと名前が出てくる国にはほぼ全て行ったことがある。

バックパッカーとして旅をしているので、いつも綺麗《きれい》なホテルに泊まるわけではなく、途上国では数百円のゲストハウスで、薄暗い部屋に2段ベッドがいくつもある中で、現地人や世界中の旅人と生活空間を共にしている。

蚊やダニのせいで、体中が痒《かゆ》いまま旅を続けるのも日常だ。

こんな旅をしていると、お金があるのに、どうしてそんなスタイルの旅をするのかと聞かれることがある。

僕はこの質問には大きな違和感がある。

都内で地下鉄に乗ったり、安いチェーン店を利用する時にも同じことを言われたりするが、これは、お金を持っていればコストの安い手段は利用しないという発想が前提にあるのだと思う。

しかし、そもそも**高いものが良いものとは限らない。高級ホテルとゲストハウスや、高級レストランとチェーン店では、その良さや面白さは異なり、どちらも魅力的だ。**

学生の頃は誰だって安いコストでいろんな遊びをしてきたはずだ。それが一定の経済力を持ったからといって、安いものを楽しめなくなるのはおかしい。

確かにお金持ちの中には、高価格帯のものばかり利用するようになる人もいる。しかし、お金があるというのは選択肢が増えたに過ぎず、今まで利用してきた安い価格帯のものも引き続き利用するのは当然だ。

一方、一般の人も中庸なものしか利用しない人が多い。

例えば、1泊10万円の旅館には高くて泊まらないが、かといって1泊500円のゲストハウスには不衛生だとか怖いとかいう理由で泊まらず、中庸な1万円程度のビジネスホテルに泊まるといった具合だ。

お金持ち、つまり短絡的に言えば成功者といわれるような人は、何かに秀でているからこそ成功者であるはずだ。

**人より秀でているのであれば、一般の人が避けたがるストレスフルな環境であっても、ノンストレスで楽しめるような人間であるべきだと思う。**

すなわち成功者とは、経済的にも精神的にも、人より上にも下にも選択肢を増やして人生を楽しめる人のことを指すのだと思う。

僕は、学生時代よりもお金がある。だから学生時代には利用できなかった高価格帯のものも利用する。一方、学生時代よりも人間として強くなっているため、以前よりも低価格帯のものも楽しく利用するようになった。

海外放浪にしても、過酷な環境にもどんどん適応できるようになり、学生時代にはアジアや欧米ばかり旅していたのが、アフリカや南米等の比較的住環境が劣悪で、治安も悪い地域にも平気で行くようになった。

**許容範囲を広げることができれば、それだけ人生においてストレスなく楽しいと感じられる機会が増えていくはずだ。**

僕のようにいろんな活動をしていると、こだわりが強いと言われることがあるが、全く逆だと思っている。許容範囲が広く、こだわりがないからこそ、どんなライフスタイルも受け入れることができ、どんな物事もエンターテインメントとして楽しむことができる。

このような人柄を培っていくことが、人生において楽しいと感じる機会を増やし、「成幸」に繋がっていくのだと考えている。

## 人が生存できない極地に刺激を求める

これだけ世界中を旅して思ったことは、**人間が生活している場所は、所詮、生命の維持が容易だからであって、そこまで刺激はない**ということだ。

単に刺激のためだけに旅をしているわけではないが、世界中を回っているうちに、バックパッカーの醍醐味《だいごみ》の一つである刺激を感じることがなくなってしまったのも事実だ。いろんな経験をするうちに耐性が上がり、慣れてしまったのだろうと思う。

そこで、**人が生きられないような場所、極地に行こうと思った。**単純な発想だ。

こう言うと宇宙には行かないのかと聞かれることがあるが、もちろん行きたいと思っている。僕の経済力で利用可能な水準までコストが下がれば必ず行くだろう。

一方、極地では、これまで自分が培ってきた経済力や人脈や社会的地位は一切役に立たない。自分の身一つで切り抜けていくしかないため、いろいろ武装してしまった自分を裸の状態にした上で挑戦できるため、ゲーム性があって面白い。

さて、人が生きられないような極地ということで、冒険家の中では、世界七大陸の最高峰を全て登頂することをセブンサミッツといい、一種のスタンプラリーとして挑戦の対象となっていることに興味を持った。

世界七大陸の最高峰とは、アジアのエベレスト、ヨーロッパのエルブルス、北米のデナリ、南米のアコンカグア、アフリカのキリマンジャロ、オーストラリアのコジオスコ（オセアニアのカルステンツ・ピラミッドとする見解もある）、南極のヴィンソンだ。

さらに北極点と南極点に到達するという冒険もある。これは、本来は沿岸部から各極点まで歩くことをいうが、ラストディグリー（Last Degree）といって、北緯89度から北緯90度の北極点まで、南緯89度から南緯90度の南極点まで、ラスト1度をそれぞれ歩くものもある。

そして、セブンサミッツに両極点を合わせた九つの極地に到達することを、冒険家グランドスラムといい、世界中でもまだ100人も達成していないと言われている。

といっても、冒険家グランドスラムは達成の難易度が格段に高いわけではなく、本当に冒険家の賞を獲るような人からすると、こんなスタンプラリーに興味がないだけである。

とはいえ、僕ぐらいのカジュアルな冒険家にとっては、十分な冒険だ。

ガイドやシェルパ（荷物運びや飲食等の身の回りのことを総合的に補助してくれる）をつけ、酸素ボンベもあれば誰でも高所に登れると思っている人がいるが、全くそんなことはない。現にガイドやシェルパつき登山でエベレストに挑戦しても、毎年何人も亡くなっている。

ちなみに**世界中の冒険家の一番の悩みは資金の工面だ。**

例えば、僕が2回のエベレスト登山と、2回の南極滞在で要した費用だけで合計4000万円を超えている。

そのため、冒険家の中にはスポンサーをつけようと、最年少や最速といった縛りをつけて、自分で定義する世界記録に挑戦する人も多い。

例えば、セブンサミッツの登頂でも世界最年少や最短期間（七つの山の一つ目の登山開始日から七つ目の登山終了日までの日数を競う）であるとか、世界七大陸の最高峰と2番目に高い山をどちらも制覇するとか、世界七大陸の火山に限定した最高峰を制覇するといった具合だ。

このように、冒険家グランドスラムは、時間や資金を工面することを含めて、人生という冒険の中では、それなりに遣り甲斐のある挑戦であり、**僕は自分の人生においてこの挑戦権を得られたことが嬉しく、未体験の楽しさに出合えるのではないかとワクワクし、挑戦しようと思ったのだ。**

特にこの時、付き合っていた子が、僕が「海賊王になる！」とでも言うかのように「登山家になる！」とふざけて言っていたら、面白がって応援してくれたことも後押しになった。今になってその時のことを話すと、僕は「軽々しく言い出すくせに、いつも本当にやり過ぎる」と言われた。

そして、セブンサミッツのうち、キリマンジャロ（5895m）は学生の時にバックパッカーとしてタンザニアを旅した際についでに登頂していたので、それ以外に挑戦していくことにした。

## 南極最高峰ヴィンソン（４８９２ｍ）に挑戦中でも弁護士業務はこなせる

まず、２０１５年末に南極大陸の最高峰ヴィンソンに登ることにした。

南極は日本の37倍もの面積がある。よく旅行パンフレットで見かける南極旅行は、南緯66度33分より南側と定義される南極圏のうち南極大陸の沿岸部に船で行くだけのもので、南極大陸の内陸部までは行けない。

しかし、僕は南極大陸の内陸部にあるヴィンソンに登頂するため、南極の基地を管理しているアメリカのソルトレイクシティにあるＡＬＥ（アンタークティック・ロジスティック＆エクスペディションズ）という会社に申し込み、南極大陸のど真ん中に行ってきた。

僕と同じように南極大陸の内陸部まで来る一般人は、世界中で年間２００〜３００人程度はいる。日本人も、これまで累計数百人程度は来ているようだ。

僕が行った時は、20人くらいの日本人団体客が来ており、全員が70代から80代のお年寄りばかりだった。仕事は退職し、子供も孫も自立し、老後の楽しみとしてお金持ちが参加されているようであった。

一方、世界中から来ていた人は、20代、30代の人もたくさんいた。

一生の夢が南極に来ることだったから、親族からお金を借りまくったとか、家や車を売ったとか、退職金を利用したという人がごろごろいた。

これは人生観によるが、どうせ大きな経験や思い出を作るのであれば、若い方が良い。その方が、少しでも元気だし、感性も豊かだし、得た経験をその後の人生に長く活《い》かすこともできる。

**経験には複利の働きがある。つまり、一度経験したことは今後の人生に役に立つため、年月と共に経験したことの価値が膨らんでいくのだ。だからこそ少しでも早く多くの経験を積むべきだと思う。**

また、何度も話しているように、多くの人は、今を我慢して、楽しみを先延ばしにすることに慣れ過ぎている。将来何かをしたいという願望を口にすることに何の意味もない。

**今すぐする、あるいはせめて1年以内にするといった具体的な目標を立て、実際にそれを達成していってこそ、一度きりの人生を本当に豊かで彩りあるものにできるのではないだろうか。**

ちなみに入れ違いになったが、僕が南極に着く2週間前くらいまでサッカー選手のデビッド・ベッカムがいたようだ。記念にサイン入りのサッカーボールを置いていったが、さすが南極に来るような人達はそんなことはお構いなしで、そのサイン入りボールで遊び、僕が南極を出る頃にはベッカムのサインはすっかり薄れて見えなくなっていた。

南極には、日本の昭和基地やロシアのボストーク基地のように調査で基地が設けられている箇所もあるが、僕のような一般人は、ＡＬＥが管理するユニオン・グレイシャーという平地で比較的穏やかな場所に設けられた基地に滞在することになる。

この基地に来るまでは、日本から何便か乗り継いでチリの南部にあるプンタ・アレーナスという町まで行き、さらにロシア製のイリューシンという軍用機を改造した飛行機で基地まで飛ぶというルートを辿る必要があり、丸3日はかかる。

さらにヴィンソン登山をするためには、基地から山の麓まで10人乗りくらいのセスナで移動し、そこから1週間程度かけてヴィンソン登頂となる。

日本人もこれまで１００人程度は登頂しているようだ。

登頂のポイントは、気温が常時マイナス20～25度前後、最低気温はマイナス30度を下回ることもある寒さ対策と、高度５０００ｍ弱の高度順応対策だ。

寒さについては、風さえ吹いていなければ、マイナス30度であっても空気が乾燥しているし、高所登山用の装備があれば、大して寒さは感じない。しかし、風が吹き始めると外気に晒《さら》された体の部位がすぐに凍傷になりそうなほどに酷く冷えてしまう。

キャンプ滞在時にテントで寝ていると、人の体から出る湿気や、服や装備品に含まれた湿気が冷やされてテント内や装備品は全て凍って氷の結晶だらけになり、飲み物やゼリー等の液体類も全て凍る。そのため、靴やゴーグル、手袋等の重要な装備品は、凍らないように寝袋に入れて一緒に寝るが、寝袋から出ている頭に被《かぶ》った帽子や顔の髭《ひげ》は全て凍って真っ白になってしまう。

登山中に汗をかくと、その水分が凍ってしまうため、服装については寒くないけど暑くて汗をかくこともない状態を維持することが重要だ。そのため、歩き始めや休憩中、風が強い時は厚めの服を着るが、歩行中は薄い服に替える等、こまめに体温調節しながら登る。

手足の指先はどうしても冷たくなって凍傷になりそうなので、指先まで血流が行き渡るように手を定期的にブンブン振り、グーパーをして指先を動かし続けながら登る。

登頂日は、晴れ間は少なかったものの、風は終始穏やかな天候に恵まれていたので、10時間以上は歩いたが、比較的余裕を持って登頂することができた。

高度順応対策についても、5000m程度であれば、全く問題はなかった。

クレバスもあちこちにあるため、落下しても大丈夫なように複数の登山者同士でロープを繋いで歩行するが、一度もクレバスにはまることもなかった。

また、ヴィンソン登頂後には南極点に遊びに行ったりもした。

基地から南極点までの往復のセスナフライトだけで１５００万～２０００万円くらいかかるため、ほかの旅行者を募って割り勘にし、僕も４００万円くらいを追加負担した。

さて、このように南極に滞在していたわけだが、お伝えしたいのは、**このような活動をしつつ、弁護士業務も未だかなりの量でこなしていた**ことだ。

協力弁護士にお願いするようになったとはいえ、僕が仕掛かり済みの案件をパスしたわけではないし、どうしても僕に依頼したいという新規案件もあり、南極に行っていた時も、２００件程度は継続案件を抱えていた。

それにもかかわらず、電話もインターネットもまともに使えない南極に１か月半も滞在していた。

そのため、日本ではあまり手に入らない衛星電話を海外から購入し、これを用いて南極にいながら弁護士業務をこなしていた。

リアルタイムで依頼者やセンターとやり取りするのは難しいため、僕の事務所への架電をコールセンターに自動転送させ、伝言を聞き取ってもらうようにしていた。

そして、定期的に衛星電話を用いてコールセンターに電話をして伝言内容を確認し、緊急性を振り分けて対処していた。

基地でも太陽光で充電はできるため、ネットには一切繋がらないものの、ノートパソコンで作業はできる。

**多くの人は、何か集中すべき手持ちの仕事や課題があると、ほかのことができないと思っているが、決してそんなことはない。**

同時並行的にいろんなことをこなせるはずだ。

南極にいながら弁護士業務だってできる。僕はこの年も弁護士業務だけで6億円以上稼げたのだから。

## ワタナベエンターテインメントに所属

僕は以前からホームパーティー等のいろんなパーティーに参加して、仕事では知り合わないような友達作りをするようにしている。

そんな中、ワタナベエンターテインメントで働いている山下《やました》さんという女性と知り合い、彼女から、ワタナベの役員に会ってみないかと言われた。

ワタナベにはいくつかの事業部門があるが、彼女は第3事業部という文化人部門に所属しており、「今でしょ!?」で有名な林修《はやしおさむ》先生のマネージャーをしていた。

彼女が、当時ワタナベの東京本社所属の弁護士がいなかったことから、僕をワタナベに所属させてはどうかと役員に提案してくれていたのだ。

そして、僕が実際にワタナベの役員と面談したところ、ほかの業務に支障のない範囲でメディア活動をしてみませんかと正式に打診を受けた。

**僕は、どんなことでもまずは挑戦してみるという方針だ。試してみてデメリットがメリットを上回れば、その時にまた考えれば良いだけなので、即答でOKした。**

もちろん、収入目的ではない。僕とワタナベの契約では、取り分は5：5であったが、文化人のメディア活動の単価などたかが知れている。

1時間の番組に出演しようとすると、収録の1時間前までには局入りすることになるため、最低でも2時間はかかる。移動も含めると合計3、4時間程度はかかるが、これでゴールデンタイムでの出演でも売上は5万~10万円程度で、そのうち僕に入るのは取り分の5割に過ぎない。

ちなみにワタナベは芸能界を牽引《けんいん》してきた老舗の大事務所だ。

昔からフジテレビとの繋がりが強いため、僕もフジテレビの番組に最も出させていただいた。僕が初めて出させていただいた番組もフジテレビの「ネプリーグ」だった。ネプリーグといえば、20年以上続いている大人気番組で、普通のタレントであれば、何年も下積みをして、舞台やラジオやローカル、深夜番組で実績を作ってようやく辿り着けるゴールデンタイム番組であるが、ワタナベのおかげでいきなり出演することができた。

一般に番組出演のオファーが来ると、事前に共演者リストや軽い台本が共有される。台本といっても、ざっくりとした流れが決められているだけだ。MCやナレーションはほぼ固定しているが、演者の会話は台本に書かれたサンプルどおりには決して進まない。

ネプリーグの共演者には、「行列のできる相談所」（日本テレビ）で有名な北村晴男《きたむらはるお》先生が予定されていた。

僕は司法修習生の時に一度お会いしたことがあり、幸い写真も撮らせてもらっていたことから、これを番組に提出しておいた。そうすると、当然、僕と北村先生の絡みは使ってもらいやすくなる。

演者のトークの尺は、大物MCでもない限り、一人1回につき数秒程度だ。

**数秒で話せることは限られているから、いかに共演者とキャッチボールをしてワンツーのパスのような会話を成立させるかが大切だと考えていた。**

そこで、前日からどのようなトーク展開があり得るか、何パターンか考えていった。まず、僕と北村先生の関係を聞かれるだろうから、褒めまくってみようと思った。やや過剰に褒めれば、必ず何がそんなに良いのか追加で質問が来るだろう。そこで、具体的にはよくわからないと返せば、北村先生の険しいけど、ちょっと弄《いじ》られ役にもなるチャーミングなキャラクターと相まって、撮れ高ができるだろうと。

この想定していたワンツーによる会話は、現場で全くそのまま実現して、オンエアでも使ってもらえた。

このように、僕は文化人枠であり、トークを振ってもらえる機会はほとんどないと思っていたから、**わずかな機会を生かせるように想定問答を考えた上で収録に臨むようにしていた。**

また、特に記憶に残っている番組として、TOKYO MXテレビの昼の帯番組「ひるキュン！」で、メインMCを田中《たなか》みな実《み》さんが務め、僕は曜日ごとのコメンテーターとして1年間出演させていただいた。

みな実さんの番組への取り組み姿勢には賛否あるようだが、僕は1年間、週1でお会いしていて、彼女はほかの演者やスタッフとの距離を縮めようとしてくれているのか、楽屋に籠もることなく、いつもみんなから姿が見える場所にいて、それでいて台本の読み込みや発声練習を延々とし続けていた。

また、初めての帯番組MCということもあってか、週5日も担当しているのに、全てのオンエアを録画して確認されていた。

今はひたすら「美」のイメージが強いが、本当に努力の人だと見せつけられたのを覚えている。

演者さんとは稀《まれ》にプライベートで食事に行くこともあり、みな実さんとも何度か食事に行っていたが、その際、万が一おかしな撮られ方をしてはいけないと、必ずマネージャーの山下さんに同伴してもらい、かつ、外を歩く時は、みな実さんとの間に山下さんを挟むといった配慮をしたのも良い思い出だ。

## 社会に育てられたことに対する最低限の恩返しをする

弁護士6年目では、単に弁護士としてではなく、**自分の人生として楽しそうなことをいくつか始められたのではないかと思う。**

年収としては、弁護士業で6億４２００万円、個人で所有している不動産業として２７５０万円で、計約6億７０００万円となった。

前年からの瞬間最大風速で言うと、２０１４年9月から２０１５年8月の12か月間を切り取ると弁護士業だけで9億５０００万円、不動産業を含めると10億円に達する成果となった。

ちなみに拙著『日本一稼ぐ弁護士の仕事術』で年収10億円と記載していた点について、宗教団体・幸福の科学の故大川隆法《おおかわりゅうほう》氏の長男である宏洋《ひろし》氏から、ＹｏｕＴｕｂｅ動画のネタのためなのか、虚偽だと懲戒請求を受けたが、事実に反するとは言えないと却下されている。

納税額は、所得税2億４０００万円、住民税４９００万円、個人事業税２５００万円の計３億１４００万円となった。自分なりのマインドセットにこだわった結果、この2年間だけで６億３５００万円もの納税をさせていただき、当然の納税義務とはいえ、**社会に育てられたことに対する最低限の恩返しにも繋がったのではないかと思う。**

第7章

# 自然が支配する世界で学んだメンタル術

――世界七大陸最高峰に次々と挑戦

弁護士7年目
［2016年、35～36歳］
年収3億5800万円
課税所得2億1300万円

## お金を稼ぐことより自分のやりたいことを大切にする

弁護士7年目は、**いかに自分の仕事をゼロにまで減らしていくか、自由な時間を最大限確保していくかを意識していた。**お話ししたように、すでに将来生活できるだけの純資産は築いており、いつ収入がゼロになっても困らない状態だったからだ。

東電への賠償請求案件は、さすがに下火になってきてはいたが、それでも賠償請求の時効が特別法で10年に延長され、まだまだ新規案件は掘り起こせそうだった。

実際、宮城だけでなく、岩手の組合からも説明会をして欲しいといった依頼が来ていた。

これらに取り組めば、さらに数億円程度の売上にはなっただろう。

しかし、さらに数年単位で自由が縛られてしまうことになる。

北浜法律事務所を辞める時に、自分のビジネスパーソンとしての山場を迎える30代中盤を他人のために使えないと思ったが、この時も同じだ。**いくら社会正義のためであろうと、若々し**

**い30代中盤以降の自分の人生を最もやりたいこと以外に費やすことはできない。**

ただ、十分な貢献はできたと自負している。最終的に東電から回収した賠償金は150億円近い。利益率が10％と考えたら単純計算で売上1500億円に相当する収益分の補填を被災地に配ったことになる。

そのため、新規の営業は完全にやめ、従来のクライアントに対しても積極的に依頼をもらうことはしないようにしていった。売上は顕著に減少し始めたが、これは仕方がない。

生涯使う予定のないお金を積み上げるより、少しでも若い時間を好きなことに使いたい。

**お金とは楽しみを得るための手段に過ぎない。つまり、お金は楽しみとの引き換えクーポン券のようなもので、何かに利用しなければ紙屑《かみくず》と変わらない。**

もし経済的な成功にばかり目を向け、お金を優先して弁護士業を継続させていたら、きっと業務に飽きてしまっていただろうし、これからお話ししていく弁護士業以外の様々な挑戦もできないものがいくつもあったと思う。それではお金は増えても「成幸」とは言えない。

## 南極から戻って2日後から南米最高峰アコンカグア（6961m）に挑戦

この年から第一に海外登山に力を入れていった。

南極からチリに戻ってきたのが1月4日だった。

僕は空港にいながらネットで検索し、アコンカグアの麓の町メンドーサから1月6日発で出発できるガイドを発見したため即申し込み、そのまま直接メンドーサにフライト移動した。

そして、翌5日にはガイドと顔見せをし、装備品のチェックをして、6日にメンドーサ市内を出て、アコンカグアに向かった。

これだけ急に登山を繰り返すと大変だと思われるかもしれないが、体力面はさておき、高度順応だけで言えば、連続で登った方が体への負担は軽くなると言われている。

もちろん、こういうやり取りをしつつも、**合間には日本と通信して継続中の弁護士業の状況を確認し、南極滞在中に溜まったメールを一気に返信したり適宜、書面作成や依頼者に電話し**

**たりといった作業を、わずか数日のうちに猛スピードでこなしていた。**

アコンカグアは、平均的には16〜18日くらいの期間で登るツアーが多い。ただ、僕は帰国便の都合でそこまでの時間はない。そのため、比較的ハイペースで登っていき、結果的には12日間で登頂して下山することができた。

## ヨーロッパ最高峰
## エルブルス（5642m）で感じた
## 自然の怖さと人が支配する世界の差

次は、ロシアにあるエルブルスに挑戦することにした。

エルブルスは北半球にあり、南半球にある南極や南米とは季節が逆なので、本来は日本の夏頃の方が、より安全で簡単に登れる。夏の登頂率は90％を超えるそうだ。

しかし、僕は、高度はアコンカグアより1000m以上低く、寒さも南極ほどではないことから、**どうせ挑戦するなら、敢えて厳しい冬の時期に登頂してやろうと思った。**

僕がエルブルスに入山した3月初めの時点では、この冬シーズンとして200人くらいが登頂に挑戦していたが、まだ5人しか登頂できておらず、むしろ直近の1週間で二人の単独登山者が滑落で亡くなっているという状態だった。

ちなみに滑落というのは、崖からストーンと落ちてしまうものだけではなく、急斜面が広範囲に凍って巨大な氷の滑り台のようになっており、転倒すると自分では制御することができなくなり、猛スピードで転がり落ちてしまうというものも多い。

さらに**僕は、ロシアに入る1週間前には東京マラソンを完走していた。**

フルマラソンを完走し、マラソンのゴール地点からそのままタクシーで羽田《はねだ》空港に行き、そこから確か四国だったかに数日間の国内旅行に行った後に、マラソンから1週間経たないうちにロシアに飛んだのだった。

まだ足のバネが回復していない上での挑戦だ。

さらにエルブルスは本来8日間で登るようだが、僕は計4日の行程で臨んだ。

このように、敢えて冬の時期に、フルマラソン完走直後に短期間で登るという、後から振り返るとかなりムチャな挑戦だった。

登頂日は、深夜1時に起きて準備をし、3時発で、まずは約3700mの宿泊ロッジから4300m付近まで雪上車で送ってもらった。

登山を開始したのは3時半頃で、まだ真っ暗だ。そして、ここで大きな失態をしたことに気づく。常時マイナス25度前後の冬のエルブルスでは、指の凍傷を防ぐためには絶対不可欠な厚手の手袋をロッジに忘れてきてしまったのだ。

ここでも油断による気の緩みが出てしまっていた。しかし、引き返すわけにはいかず、薄手の手袋の上からビニール袋を巻きつけて登山を続けることにした。

途中、最初の大きな氷の斜面がある4700m付近で危険を察知したほかの登山グループが早くもリタイヤし始めた。仲間同士でロープを繋ぎ合って登るため、単独登山でなければ、誰かが斜面で転んだとしても、ほかのメンバーが支えてくれるので、直ちに滑落するわけではない。しかし、転んだ人の勢いでほかの人も巻き添えをくらって転んだりすると、グループごと滑落してしまうこともある。

また、エルブルスには、大きなクレバスはないが、小さいクレバスはいくつもある。

僕は人生で初めてマンホールくらいの幅のクレバスに落ちてしまった。上半身が地面に引っかかって底まで落ちることはなく、怪我《けが》もせずにクレバスから這《は》い上がることができた。

その後、僕はガイドと二人で登山を続けたが、5000mを超えた頃から、高山病の症状が出始め、軽い頭痛や吐き気がし、高度を上げるにつれて意識が朦朧《もうろう》としてきた。

マラソンの疲れも取れていなかったし、本来は登頂を目指す前に何度か高度順応の練習登山をするのだが、この時はそれらも省いていたからだろう。

思い返せば、ヴィンソンでもアコンカグアでも徹底して準備して高度順応もしていたから余裕があっただけで、それを省いて登るのは無謀だった。

体調不良で登山ペースも遅く、5300m付近で、ガイドからは登頂を諦めて引き返すべきだと言われた。

残りあと300mで頂上だが、これは直線距離ではなく高度であって、歩けば3時間は要する。このまま登頂を目指せば、時間が遅くなり過ぎて、下山が深夜になってしまう。

今のペースで登れば、そもそも下山する体力が残せなくなるだろうとの判断だった。

しかも、厚手の手袋もなく、夜になって寒さが増せば指の凍傷の危険もある。

ほかの登山者は全員リタイヤしており、僕達以外に登頂を目指している人は一人もいなかった。

しかし、どうしても登り切りたくて、無理を承知でガイドにお願いして登り続けることにした。**自分の体力と気力の限界に挑戦してみたいという思いもあった。**

その後も登山ペースはどんどん落ち、出発から登頂までに12時間もかかってしまい、余計に体力を消耗していった。体力消耗が進むと、それだけ体温を維持できなくなり、指がどんどん冷えてきた。常に手をグーパーさせながら温め続けていたが、度々、指が固まって動かなくなってくると、もう一方の手で何とか指先を温めてほぐした。

下山後も何か月もの間、指の感覚が鈍った状態が続く程度のダメージが残った。

登頂した時間は15時半で、すでに気温は下がり始めていた。

その後、下山を始めたが、体力がまともに残っておらず、また、登山中の食料も飲み水も不十分だったため、使い果たしてしまった。

それでも、山は容赦なく、日は沈み、夜の冬山では暴風と粉雪が吹き荒れ始め、視界を遮り、寒さは増していった。

少し歩いては立ち止まって休憩を取ったが、立っていることも難しくなり、歩行中に体勢を崩して何度も転んでしまった。

高山病による体調不良も進み、思考力がだんだん鈍ってくる。

何時間も飲み食いしておらず、せめて少しでも水分を摂《と》らなければと思い、転んだ時に地面の雪をかじった。

そんな中、傾斜のきつい斜面を下る時は特に転ばないように注意しなければいけないのに、疲労で体勢を保てずに転倒してしまった。

本来、登山者同士はロープで体を結び合い、一方が転んだ時に加速して滑ってしまわないよう常にロープをピンと張って保つのだが、この時はロープが緩んでしまっていた。

そのため、転倒した瞬間、ロープが緩んでいた分、一気に加速して数m滑り落ち、持っていたスキーポールで地面を掻《か》いて停止しようとしたが止められず、このまま加速して一気に下まで転がり落ちてしまうのではないかと思った。と同時に、僕とロープで繋がっていたガイドまでもが巻き添えをくらって転ばないことを願った。

結果、ガイドがピッケルを斜面に刺して滑り落ちないようにしてくれ、まさに一命を取りとめることができた。

ガイドのおかげで何とか滑落を免れることができたため、地面を滑り落ちた際に散らばった荷物を拾い集め、極寒の暗闇に強風と、すっかり激しくなった雪が吹き荒れる中、下山を続けた。

この時点ですでに20時、出発から17時間も経過し、空は真っ暗な闇が覆い、気温はマイナス25度以下。時々暴風が吹き荒れ、雪が舞い、雷まで落ち始めた中、ヘッドライトの明かりだけを頼りに、転んでは立ち上がり、歩き続けた。

結局、ロッジに戻れたのが深夜24時過ぎで、わずかな小休止は入れたものの、合計21時間も歩き続けるというとても長い登山になった。

ガイドが一緒だったので生還はできるだろうと思ってはいたが、**僕の人生の中では死に最も近づいた一日となった。**

日頃の地上での生活は、人が支配する世界だ。

仕事中でも、本当に体調が悪ければ未完成でも許してもらえる。誕生日のようなお祝い事があれば早めに上がらせてもらえることもある。何があっても命まで取られることはない。

しかし、**山の中は自然が支配する世界だ。**

どれだけ疲弊していようが、登頂したお祝いムードがあろうが、寒かろうが、体調が悪かろうが、怪我をしようが、その他いかに情けをかけてもらいたい理由があっても、歩く距離は1mも短くなることはないし、1度すら気温が上がることはない。

何かあれば本当に死んでしまう。

実際に、今歩いているこの場所で1週間以内に二人亡くなっているわけだ。

情け容赦が一切通じない環境だ。

改めて、登山に油断は禁物であり本当に覚悟が必要だなと再認識すると共に、**地上での挑戦なんて命まで取られることはないのだから、もっと思い切って何でもやってみるべきだと思った。**

ちなみに、この時のガイドは、現地のエルブルスツアーという登山会社のアレックスという53歳のガイドだった。ツアー代金が1500ユーロで、チップは1、2割程度が相場だが、2000ユーロを受け取ってもらった。

# 余剰の資金と時間で人が集まれるレストラン「Ｓｉ」をオープンさせる

日本滞在時はホームパーティーをよくしていた。

弁護士6年目に六本木のミッドタウンに引っ越した話をしたが、ミッドタウンを選んだ理由は人が集まりやすいからで、実際にいつもいろんな友達が自宅に遊びに来ていた。

**仲の良い友達グループの誕生日会やイベントごとはいつも僕の家でしていた。**

その延長で、人が集まれる場所を作ろうと、レストランをオープンさせた。この頃、よく一緒に食事をしていたメンバーで、食の好みが合う友人がいたが、彼自身も一度シェフをしてみたいという願望があったので、それなら僕がお金を出すからということで始まった。

出資者は僕と僕の同期の戸田《とだ》弁護士が1000万円ずつの計2000万円出して、2016年4月頃に東京・港区の南青山《みなみあおやま》に「Ｓｉ《シィ》」という店をオープンさせた。

**極力、砂糖や塩を使わず、素材の味だけのコースとして、また、糖質は20時までの時間帯に**

**出すといったコンセプトが良かったのか、様々なメディアでも扱ってもらった。**

店には友達を呼ぶことができたし、自分の好きな味のコース料理がいつでも食べられるため、頻繁に利用していた。店でメンタリストＤａｉＧｏさんのニコニコ生放送のライブ配信をしたり、お笑いコンビ・ＮＯＮ ＳＴＹＬＥの井上裕介《いのうえゆうすけ》さんの交通事故後の復帰祝いをしたり、友人であるHey! Say! JUMPの伊野尾慧《いのおけい》くんや、元ＳＤＮ48《フォーティエイト》の穐田和恵《あきたかずえ》さんや元セクシー女優の沖田杏梨《おきたあんり》さんらにも食べにきてもらった。

しかし、さすがに同じ店ばかり利用していると飽きてくるので、オープンして3年程度で僕自身があまり店に行かなくなってしまい、ちょうどコロナ禍になったタイミングで閉店した。

店の家賃が月40万円、シェフの給料や光熱費等を含めると固定費だけで毎月１００万円近くになる。これだけで3年で３６００万円だ。閉店時に分配できるお金は残らなかったが、それでも最初の２０００万円以外に追加で出資することはなく、何とか3年ちょっと継続させることができ、良い思い出と経験ができた。

**片手間で初めての事業に手を出す時は、余剰の資金と時間でやるべきだと思うが、まさにそのとおりに楽しむことができて本当に良かったと思う。**最終的に赤字だったため、経済的には成功と言えないが、「成幸」という意味では、とても楽しい場を持つことができた。

なお、この年は、僕が大学時代に拾ってから飼い続けていた猫の「どんちゃん」が亡くなった年でもあったが、亡くなる1年前くらいから看病が必要になり、自宅で付きっ切りの日も多かったが、愛猫と好きなだけ一緒に過ごせたのも生活に自由度があったおかげだった。

# 第8章

# 興味を持ったことには次々と挑戦していく

## ―― 人狼ゲーム店舗やモデル事務所を経営

弁護士8年目
［2017年、36～37歳］
年収2億2400万円
課税所得1億3600万円

# 国内活動が中心の時期はホームパーティーに力を入れる

弁護士8年目は、弁護士業務をほとんどしなくなっていた。といっても、元々月に400時間の業務をこなしていたのが200時間になり、半分の業務量なのでスカスカという気分だっただけで、一般的な業務量はこなしていたのかもしれない。

生活の自由度はかなり上がっていたものの、レギュラー番組の出演日である毎週火曜日は東京にいなければならず、この間は海外に行くことも減り、基本的に国内にいることが多くなっていた。

ただ、火曜の放送後にそのまま羽田に行き、戻りは火曜の朝に羽田から直接スタジオに行くというスケジュールでモンブラン（4807m）に登頂したりはしていた。

では何をしていたかというと、この年は国内旅行とホームパーティーと人狼《じんろう》ゲーム（会話型の心理ゲーム）をしまくっていた。

こう言うと、それまで弁護士業務に魂を込める等と話していた割に、途端に遊びほうけているだけだと思われるかもしれない。ただ、僕からすると、そもそも仕事とそれ以外に区別も優劣もなく、いずれも人生を楽しむ手段に過ぎない。また、弁護士業務や海外バックパッカーや登山は基本的に一人で熱中するものである一方、ホームパーティーや人狼ゲームは友人との交流を前提とするものなので、全く別の楽しみとして、とても楽しかった。

国内旅行は、ふるさと納税であちこちの旅行券を大量にもらっていたので、それで友人20名を無料で招待するといった旅行企画を度々行っていた。20人で群馬県の草津《くさつ》温泉に行ったり、20人で神奈川県の伊勢原《いせはら》の旅館に泊まったりしていた。また、レストラン貸切や屋形船貸切等の一日イベントもよくしていた時期だった。

また、**ホームパーティーというと、場所も六本木だし、いかがわしいイメージを持つ人もいるかもしれないが、恐縮だが、それは実際に都心のホームパーティーに参加したことのない人の偏見だ。**

特に僕はお酒を飲まないし、これまで何百回とホームパーティーを開いてきたが、誰一人として吐くほど酔い潰れたことはないし、そこら辺で誰かが寝てしまったこともない。一気飲みすら起きたこともなければ、強引なナンパのようなものを目にしたこともない。

ただ、合コンのような最初から目的が異なるケースは別で、成人した男女が集まれば、時として多少は下品な会になることもあるし、タクシー代を強引に要求されることもあるが、いずれも港区あるあるだ。

また、僕が出演していた「ひるキュン！」で、別の曜日コメンテーターだった映画評論家の有村昆《ありむらこん》さん（アリコン）と仲良くなり、いつも一緒に遊ぶようになった。アリコンさんに堀江《ほりえ》貴《たか》文《ふみ》さん（ホリエモン）が主宰する人狼ゲームに誘ってもらい、毎週のように人狼ゲームをするようになった。

堀江さん達は、ミッドタウンの真向かいにある「ＢＡＮ×ＫＡＲＡ」というバンドつきでカラオケができるお店で遊んでいたが、そこだと**お金もかかるし、時間の制約もあるし、ほかの客にも気を使わなければならないが、ちょうど向かいに僕の家があるということで、次第に僕の家が会場として使われるようになった。**

アリコンさんや堀江さんだけでなく、メンタリストＤａｉＧｏさんや俳優の城田優《しろたゆう》くんやゴールデンボンバーの歌広場淳《うたひろばじゅん》さんやお笑い芸人の光浦靖子《みつうらやすこ》さんやバービーさん等、ともかくいろんな人が家に遊びに来てくれて、夜な夜な人狼ゲーム会や健全な飲み会をするようになった。

# 人狼ゲームの店舗「ＶＲ人狼」の開業で趣味を仕事にする

人狼ゲームに一番はまっていた時は、毎日のように自宅に10人前後の友達が来て遊んでいた。一般の人もいるが、特にタレントや役者をやっている人達は時間が不規則で、深夜から参加したり、終電で帰ったりとまちまちなため、開催時間を夕方から翌朝まで長く取り、各自好きな時間に来て好きな時間に帰るといった具合だった。

**僕は家主なので、全ての時間に参加できる結果、いろんな人と仲良くなることができた。**

そのうち僕とアリコンさんで、この際、人狼ゲームのお店を出そうかという話になった。その時、人狼ゲームに詳しい高橋一成《たかはしかずなり》（カズさんと呼ばれている）という今ではすっかり僕の相方になった友人も加わった。

夏前から相談し始めて、コンセプトを決め、物件と店長探しをして、９月頃に東京・渋谷区《しぶや》の神南《じんなん》に「ＶＲ人狼」１号店をオープンさせた。店舗名にＶＲとあるのは、ＶＲゴーグルを用いて仮想現実の映像を楽しんでもらうからだ。

内装は自分達のお手製で、文化祭のようでとても楽しかった。

店の集客は順調で、満席の営業日も多発していた。

さらにカラオケパセラとコラボし、パセラ銀座《ぎんざ》店と秋葉原《あきはばら》店の中に、2号店、3号店を出し、収益も利益ベースで月100万円を超えるようになった。

**弁護士業での収益に比べればわずかなものだし、さらにスケールさせられるものではないが、友人同士で始めた趣味にしては、経済的にも十分な成果だった。**

小さい店だったが、プライベートの人狼会もここで集まるようになり、多くのタレント友達にも来てもらった。

僕の誕生日会兼エベレスト登頂祝い会をしてもらったこともあり、アンミカさん夫妻、城田優くん、misonoさん、住谷杏奈《すみたにあんな》さん、ゲッターズ飯田《いいだ》さん、野性爆弾のロッシーさんら、お馴染《なじ》みの人狼ゲーム仲間の芸能人の方々が集まってくれたし、他の日では佐藤健《さとうたける》くん、吉木《よしき》りささん、千秋《ちあき》さん、井戸田潤《いとだじゅん》さん、パックン（パトリック・ハーラン）さん、にゃんこスターのお二人、じゅんいちダビッドソンさん、麒麟《きりん》の田村裕《たむらひろし》さん、森下悠里《もりしたゆうり》さん、辰巳琢郎《たつみたくろう》さん、たかまつななさん、プロゲーマーの高橋名人《たかはしめいじん》等、ミーハーに名前を挙げ始めたらキリがないほどのメンバーが一緒に遊んでくれた。

凄く楽しませてもらった人狼ゲームだったが、残念ながらコロナ禍が始まったタイミングで即座に閉店することにした。

## モデル事務所「ａｐａｓ」の経営で夢の実現に貢献する

ほかに始めたこととしては、「ａｐａｓ《アーパス》」というモデル事務所を立ち上げた。

これは僕が、札幌コレクション（サッコレ）という毎年1万人を超える観客動員数を誇る北海道のファッションイベントの顧問をしていたのがきっかけだ。

サッコレの2023年の出演者には女優の明日花《あすか》キララさんやＴｉｋＴｏｋフォロワー1000万人を超えるモデルの景井《かげい》ひなさんがいたし、僕が関わっていた頃にも、三吉彩花《みよしあやか》さん、玉城《たましろ》ティナさん、舞川《まいかわ》あいくさんなどのモデルや、ＡＡＡ《トリプル・エー》の宇野実彩子《うのみさこ》さん、ダレノガレ明美《あけみ》さん、氣志團《きしだん》の皆さん、おのののかさん、吉沢亮《よしざわりょう》さんらが出演してくれていたくらいの規模感のあるイベントだ。

僕は、以前からサツコレの総合プロデューサーをしていた佐々木大輔《ささきだいすけ》さんとプライベートで親しくさせてもらっていた。その縁で、**僕はサツコレの顧問であり、イベントの権利関係のトラブルの解決等を扱っていた**のだが、そのため、イベント前後には札幌に招待してもらい、舞台裏から参加させてもらったり、関係者の打ち上げにまで同席させてもらったりしていた。

このような活動をしていた頃、オリエンタルラウンジという相席屋の西山喜洋《にしやまよしひろ》社長が、当時北海道日本《にっぽん》ハムファイターズのチアリーダーをしていた武藤彩芽《むとうあやめ》さんをスカウトしたことをきっかけに、その子を軸に一緒にモデル事務所を立ち上げようということになったのだ。

当時の彼女は北海道で学生もしており、モデル業に専念するわけではなかったが、わずかながら固定給も支給しつつ、不定期に案件をこなしてもらっていた。

小さい事務所ではあったが、上場会社のＣＭに出たり、ファッション誌「ＣａｎＣａｍ」（小学館《しょうがくかん》）の北海道親善大使に選ばれたり、サツコレでランウェイを歩いてもらったりした。

そして、彼女は北海道から東京に出てくることになったが、彼女の希望で独立することになった。その後、彼女はセント・フォース（主としてアナウンサーやキャスターが所属する芸能事務所）に所属して活躍しているが、彼女の飛躍のわずかなきっかけとなれて良かったと思う。

このモデル事務所には、ほかにも２名のモデルがいたが、そのうち一人は大阪駅構内を歩いていたところを、佐々木さんがスカウトした子だった。

ざっくりと言えば、武藤さんが赤文字系（モテを意識した女性的なファッション）だったのに対して、この子は青文字系（東京・渋谷区の原宿《はらじゅく》等で見かける個性的、非日常的なファッション）のタイプだったことから、スカウトしたのだ。

当時まだ20歳で、親御さんからの賛同を得る必要もあるため、僕も佐々木さんと一緒に大阪まで面談に行って、親御さんに対して、事務所所属のお願いをしたのを覚えている。

もう一人は黒髪清楚《せいそ》系で、すでに動画メディアで人気を博していた子だったが、トークもできて女優志望だった。玉城ティナさんとCMで共演等をさせてもらった。**小さい事務所だったが、3人がやりたいことの一助に少しでもなればと運営し、わずかながら3人の成長と夢の実現に貢献できていたなら本望だ。**その後、コロナ禍のタイミングで事務所は閉鎖している。

## MENSAに合格

この頃、「直撃LIVEグッディ！」（フジテレビ系）や「ゴゴスマ -GO GO!Smile!-」（CBC

テレビ制作、ＴＢＳテレビ系）といった情報番組や、「よゐこの無人島０円生活」（テレビ朝日《あさひ》系）や「潜在能力テスト」（フジテレビ系）といったバラエティ番組に定期的に出演させてもらっていたことから、メディアで使いやすい肩書を増やしておこうとＭＥＮＳＡ《メンサ》の試験を受けた。

ＭＥＮＳＡとは、全人口の上位２％以上の知能を持つ者からなる高ＩＱ団体とされている。入会試験は、生涯３回までしか受験できず、45問を30分で解答する内容であるが、誤答が二つくらいまでなら合格だと噂されている。

僕は過去問らしきものを多少勉強した上で臨んだが、難なく合格することができた。しかし、そもそもＩＱの定義が不明だし、ＭＥＮＳＡに入会したからといって高知能の証明になるとは思わない。

ＭＥＮＳＡの集まりにも一度参加してみたが、ただのクイズオタクの集まりのようだったため、それ以来、一切関わっておらず、今では会員の有効期限が切れてしまったが、世間的には頭が良い人と思ってもらえるツールとして使えるので、ある意味、コスパの良い検定のようなものだったと言えるかもしれない。

# 第9章

# 世界最高峰
# エベレスト（8848m）に
# 挑むメンタル術

## ──ついに世界最高峰の頂に立つ

弁護士9年目
［2018年、37〜38歳］
年収1億700万円
課税所得3000万円

## エベレスト登山に向けてトレーニングを強化

2018年は、引き続き人狼ゲームやレストランの店舗運営を楽しんでいたが、最も熱中して取り組んだのはエベレスト登山だ。

2017年の終わりにレギュラー番組が終了し、長期で日本を離れることが可能になったことから、この年の4、5月にエベレストに挑戦するスケジュールを組んだ。

そのため、半年前くらいからトレーニングを始めた。

**トレーニングの獲得目標としては、体幹を鍛えること、重たい装備品を持った上で長時間歩行できる持久力をつけること、関節や筋を損傷しないような柔軟性を高めること、肺活量を上げること等だ。**

僕は、バックパックにA4のコピー用紙500枚のブロックを10冊近く詰め、約20kgの荷物にした上で担ぎ、ミッドタウンのジムのランニングマシーンで傾斜角度を10度以上にして2時間程度歩くというようなことを毎日していた。

また、外に出る時はいつも両足首に2kg以上ずつの重りをつけ、腸腰筋《ちょうようきん》（足を引き上げる筋肉）を鍛えていた。

さらに六本木の自宅から港区の芝浦《しばうら》にある区民プールまで、20kgの荷物を担いで歩いていき、プールで泳いだり水中歩行したりしてから自宅まで戻ってくるというようなことを一日かけて行っていた。

**こういうトレーニングに時間を費やすことができたのも、すでに仕事を減らし、自由度を高めていたおかげだ。**

一方、トレーニングによりハムストリング（お尻の付け根から膝裏周辺までの筋肉）を痛めてしまい、帝京《ていきょう》大学の駅伝部のコーチに歩き方の指導を受けたり、同駅伝部を担当している医師からリハビリ指導を受けたりし、出発直前には痛み止めを打ってもらったりと、体の調子は万全ではなかった。

少しでも足を保護できるように、自分の足の形にフィットした中敷きを作成するため、岐阜にあるスポーツクリニックにも出向いた。ここには当時中日《ちゅうにち》ドラゴンズの松坂大輔《まつざかだいすけ》投手も訪れていた。

## エベレストに向けて日本を出発

2018年4月10日、いよいよ日本を出発した。

費用は、ガイドやシェルパの人件費、食料や装備品、入山料、移動費等を含めて、ざっくり1000万円だった。

いつもは外国の登山隊に参加するが、エベレストは多少割高になっても良いから、**少しでも安全に確実に登頂できるように公募登山隊のアドベンチャーガイズ（東京・千代田《ちよだ》区飯田橋《いいだばし》）に参加した。**外国隊だとどうしても言語が完璧ではないし食べ物の好みも違うからだ。

このチームのリーダーは近藤謙司《こんどうけんじ》さんで、彼は当時55歳であったがエベレストには7回登頂しており、キャラクター含めて日本一の国際山岳ガイドだ。

今回はネパール側からの登山のため、まずはネパールの首都カトマンズを経由して、エベレスト街道の出発点となる2840m地点のルクラという町までプロペラ機で飛んだ。

エベレスト登山は、大きくはネパール側とチベット側の2ルートあり、どちらにもメリット、デメリットがある。ネパール側の一番のメリットは政情が安定しているため、道中で余計なトラブルが少ないことだ。逆にチベット側は中国政府の意向で、急にエベレストへの道が封鎖されたり、装備品を没収されたりするリスクがある。

また、大きな差として、ベースキャンプ（BC）の高度が、ネパール側が約5300mなのに対して、チベット側は約6000mなので、チベット側がより高い場所で安定的に高度順応できる。しかも、BCまで舗装されていて、車で移動できるため、滞在中に定期的に麓の町まで下山して休養を取るといった選択肢が取りやすい。

逆にネパール側だと、BCから町に一気に戻るにはヘリコプターを使うため、簡単に行き来ができない。ただ、頂上付近のルートは、チベット側の方が険しいと聞く。

**4月上旬から登山を開始するのは、毎年5月中旬から下旬が最も登頂のための気象条件が良く、逆算してそこに向かうからだ。**

登山条件としては、気温や天気よりも風が弱いことが最重要だから、夏頃だと偏西風だったかが強く吹くようになり、山中にガスが出てしまうため、登山には向かない。

## リアルな諸条件を全て受け入れて挑んでいく

エベレスト街道の起点ルクラを出発し、有名なナムチェバザール等を通過して、約2週間かけてエベレストBCに向かった。

途中、高度順応を兼ねて、ロブチェという標高6119mの山に登った。ロブチェの登頂もそれなりに大変で、この山に登るためだけのツアーもある。

今回の隊は、シェルパと呼ばれる荷物持ちや雑用係のネパールスタッフが10名ほどいるほかは日本人ばかりのメンバーで、エベレスト登頂を目指すチームは日本人ガイド1名（近藤さん）、僕を含めたクライアントが5名、ロブチェ登頂だけのチームはガイド2名、クライアント15名程度という構成だ。

ちなみにシェルパというのは、元々は山間に住む民族の名称で、彼らが登山で荷物運び等をするようになったことから、この職業をシェルパと呼ぶようになった。

ＢＣに到着した際は、すでに全体的に疲弊していた。なぜなら、５０００～６０００ｍの高度になり、低酸素状態になってきていることや、寒さが増していることに加えて、ＢＣの辺りは凄く乾燥していて埃《ほこり》っぽく、全員が肺炎のようになって咳《せき》が止まらなくなってしまうからだ。

この地域の名のクンブにちなんでクンブ咳と呼ばれている症状だ。

メンバーは日に日に体力を奪われ、やつれていく。

僕も高度順応は万全だったが、咳だけは止まらなかった。また、トレーニングで痛めていた足も万全ではなく、毎日念入りにマッサージとストレッチをし続けながらの登山となっていた。

ただ、**これも含めて登山なので、仮に体調さえ良ければ登れるのだとしても、そんなことは全く意味がなく、リアルな諸条件の全てを前提にやるしかない。**

ＢＣに着いてからは、まず１週間くらいは体を慣らすために休息を取る。

休息といっても、ただ休んでいるだけでなく、さらに高所に移動するための酸素ボンベ等の装備品のチェックや、近場でトレーニングを行う。

そして、その後は少しずつ高度を上げていく。

ＢＣが約５３００ｍ、キャンプ１（Ｃ１《シーワン》）が約６０００ｍ、Ｃ２が約６５００ｍ、Ｃ３が約７１００ｍ、Ｃ４が約７９００ｍ、頂上が８８４８ｍとなっているが、まずは高度順応のためＢＣから数日かけてＣ３にタッチして戻ってくる。

そして、再び高度を上げる時は頂上を目指すサミットローテーションに入る。

登山に要する移動時間には個人差があるが、僕の場合は、BCからC1までが8時間、さらにC2までが6時間、C3までが8時間、C4までが11時間、登頂日が16時間ぐらいだった。

高度順応の最大のポイントは、水をたくさん飲むことだ。1日に最低4リットルは飲むべきと言われており、理想は5、6リットルとも言われる。しかも、短時間に一気に飲むのではなく、1時間に最大0・5リットルくらいまでで、断続的に何時間もかけて、起きている時も寝ている時も少しずつ水を飲む必要がある。

科学的根拠の説明は不正確かもしれないが、水を飲んでは排出するというのを繰り返すことで、体内で循環し、体の内と外の気圧差や酸性アルカリの濃度が調節できるといったような説明を受けている。

しかし、体力が失われていて、喉も痛い状況で、水を飲んではトイレに行くのを繰り返すのはなかなか大変だ。水を飲んでは排出することで体内の亜鉛やミネラルが流出してしまい、体が痺《しび》れてくるので、その栄養補給も必要になる。

また、呼吸法も大切で、浅い呼吸では肺の奥まで新しい空気が入ってこないので、吐く時は2m先にあるロウソクの火を消すつもりで細く長い息を吐き、肺の中を空《から》にし、吸う時は水泳のクロールの息継ぎのつもりで吸うのがベストだ。

しかし、これは肺の運動としても大変だし、吸う空気はマイナス25度くらいの低温のため、深い呼吸を何日間もし続けていると、肺が慢性的に冷えて傷んでくる。

喉が痛く、咳も止まらないままで深い呼吸をすること自体が億劫《おっくう》になってくる。

それでも、**これらをやり続けることで高度順応を高めていくという総合的な戦いだ。**

食事も十分に摂らなければならないが、喉が痛く、咳も止まらず、疲弊し、かつ、高高度のため消化不良を起こす状況で十分な量を食べるのは厳しい。

しかし、僕は気合いで食べて飲んでを続けていたが、メンバーの中にはエベレストの登山前後で10kg以上痩せた人もいる。

## 何があっても全てが登山の一部だと割り切る

BCの高度に慣れた後、高度順応のためのC3までの往復が始まる。

まずはC1まで高度を上げていくが、そのルートでは長い年月をかけて堆積した氷河帯（アイスフォール）を登っていく。

高さ数mもの凹凸の氷河や底が見えないクレバスを、ロープやハシゴを使いながら登り進んでいく。

この辺りは日中には強い日差しで体感20度くらいまで気温が上がり、夜間にはマイナス20〜30度まで冷え込むので、氷河帯は頻繁に起きる寒暖差で溶けて崩落する。

日差しにより氷が溶けて崩れてしまうこともあれば、日中に氷河の割れ目の中に氷が溶けた水が溜まり、それが夜間に冷やされて膨張して氷河を破壊することもある。

2014年にはとても大きな氷河の崩落があり、十数人が飲み込まれ、今でも遺体すら見つかっていない。

C1からC2は比較的平坦《へいたん》な道が続くが、途中、3、4階建てくらいの高さの氷雪の壁にロープをかけて垂直によじ登ったり、底が見えない大きなクレバスに20m程度のハシゴをかけてその上を渡ったりと、エキサイティングな登山となる。

C2くらいの高度になると、夜にテントで寝ていても血中酸素飽和度が上がらず、息苦しく、溺れるような錯覚で何度も飛び起きるようになる。そして、起きては激しい呼吸をして体内に酸素を取り入れて呼吸を安定させ、水を飲んで寝るというのを短時間に繰り返すようになる。

この時点で、メンバーの中にかなり体調の悪い人が出てきてしまっていたので、C3までタッチしに行く予定を諦めて、C2とC3の中間まで登って、一度BCに引き返すことになった。すでに日本を出て30日が経っていたが、メンバーは常時低酸素状態であることに加えて、激しい一日の寒暖差、そして四六時中、咳をし続け、食欲もなく、精神面も含めてかなり疲弊していた。

ただ、僕は登山開始以降、ずっと順調で体調が良く、毎日、血中酸素飽和度を測定すると、隊の中ではいつも一番良い値をキープしていた。

これは**何があっても、全てが登山の一部だと割り切ってしまっていることが大きいのではないか**と思っていた。

なぜなら、弱ってきているメンバーはみんな、咳さえ治ればとか、エベレストに入る直前に仕事が忙しくて追い込みができなかった等と、今更自分達ではコントロールできないことをいろいろと嘆いていたからだ。そんなことをいくら言っても今の状況が改善することはなく、精神的にも弱っていくだけのように見えた。

それよりは**全ての諸条件を受け入れて、その限りでやり切るという覚悟を持つべきだ。**

とはいえメンバーの体調を回復させなければいけないため、1週間後に予定しているサミットローテーションに向けて、BCのある5300mから、3400mのナムチェバザールまで、一度ヘリコプターで高度を下げて休養することになった。

ナムチェバザールは山の中にある町にしては立派で、2泊3日の休養だったが、全員の体調はかなり回復し、再びBCに戻ってくることができた。僕は相変わらず元気で暇だったため、ホテル・エベレスト・ビューという日本人経営の有名なホテルに、ランチをしにトレッキングに行ったりしていた。

## サミットローテーションに入る

次はいよいよ登頂に向けて、登頂日の天候を予測しながらの出発になる。

BCから一気にC2に行き、2日目にC3、3日目にC4へと移動し、4日目はC4で1日休養してから、5日目に頂上に向かうという行程を予定していたため、5日後の天気予報が良いスケジュールを狙ってBCを出発する。

この時点では、5月13日までずっと天気が悪くて、14日がベストの天気だと予報されていた。しかし、僕達の隊は、近藤さんの経験から、14日の次に来る天気が良い日を狙うことにした。

なぜなら、しばらく天気が悪い日が続いた後に天気が良い日が来ると、溜まっていた登山者が一気に同じ日にアタックに向かうため、登山ルート上で渋滞が起きてしまうからだ。

頂上に向かうにつれて、道は険しくなり、尖《とが》った刃先のような幅数十㎝の崖道を登っていくため、登る人と下る人がすれ違うことができないような場所も多い。そのため、登山者が狭い場所に集中して身動きが取れなくなり、立ち往生してしまうのだが、**高度８０００m以上で気温はマイナス30度以下にもなり、酸素は街中の３分の１という環境での渋滞はまさに命取りになる。**

ちなみに5月14日を登頂予定日として出発した登山者はたくさんいたが、実際には予報が外れて天候は悪かった。山の天気を予測するのは難しく、外れることはよくあるが、不幸にも死者まで出てしまった。

他方、僕達の隊は、5月20日の天気が良さそうだという予報を信じ、これに合わせてBCを出発した。C３の手前までは前回と全く同じ行程を登るだけだったが、気温はかなり上がっていて、日中は雪からの照り返しを考えると30度近い体感気温だった。これはこれで体力を消耗させる。

登山ルート上には、アイスフォール・ドクターと呼ばれるチームが固定ロープを張ってくれたり、はしごをかけたりしてくれるが、氷河帯が崩落等で変化した際にも張り直してくれるのだが、この頃になると、氷河帯の崩落の際の修復が追いつかずに、十分な固定ロープのない場所も出現していた。

そのため、助走してジャンプしないと飛び越えられないようなクレバスもあったが、何とか無事にC3まで登り、ここでの夜から酸素ボンベを使い始めることになった。

一般の人の中には、いくら高所登山だろうと、酸素ボンベさえ使えば楽に登れると思っている人もいるが、全くそうではない。

まず、登山で使う酸素は医療用の酸素と違って湿度ゼロに近く、これをエベレストの外気と混ぜて使うため、ただでさえ痛めていた喉がさらに悪化し、咳が止まらなくなる。

また、酸素が漏れないようにマスクをきつく顔に張りつけて装着するが、長時間、顔が圧迫され、単に痛いだけでなくマスク自体が凍るため、顔が少しずつ凍傷になって麻痺《まひ》してくる。

また、苦しい状況で、唾や痰《たん》が出てくる。マスクを簡単に取り外しはできないので、顔に張りつくマスクと顔との間にわずかな隙間を作って、そこから顎や首を伝ってそれらを垂れ流すことになる。マスクの呼吸口には吐息による湿気でツララができるので、こまめに割らなければならない。

飲食物は、マスクをつけたままマスクと顔の隙間からチューブ式の水筒やゼリー品で摂取するが、容易にはできない。

トイレも簡単にはできない。何重にも服を重ねて着ているし、ダウンを一部でも脱いで肌を露出すると、そこだけが凍傷になる可能性もある。そもそも崖になっているルートばかりで落ち着ける場所が少ない。登山者の中にはオムツを穿《は》いていく人もいるが、僕はアタックの日は下痢止めを2日分飲んで一切トイレには行かないという方法で乗り切っていた。

ボンベもそれなりの重量がある。容器が3・7kgで、酸素を満タンにすると酸素分が2kgあり、計5・7kgになる。さらに装備品や食料、水2リットル等を背負うので、シェルパに荷物を持ってもらったとしても、自分の荷物は10kg程度の重量にはなる（ただし、ボンベは軽量化が進んでいる）。

使用する酸素量にも限りがあり、街中と同じ酸素濃度の空気を吸えるわけではない。実際にいる場所の高度に比べて、2000m程度低い高度の酸素濃度となるように利用する。例えば、頂上だと9000m弱だから、酸素ボンベを使うことで7000m近い高度と同じ酸素濃度となる。これはアコンカグアの頂上と同じくらいで、街中の半分以下だ。

こういった条件のもと、急な斜面を何時間も休む場所なく登り続ける必要がある。**つまずいて滑落しないように、常に緊張感を持ち、集中力を維持して一歩一歩丁寧に歩いていかなければならない。**

高所登山用の上下のダウンは宇宙服をイメージさせるぐらいの分厚さであり、足の裏にはアイゼン（氷や岩に刺さりやすいトゲトゲの装備品）がついているので、普通に歩くと逆の足のダウンにアイゼンが引っかかって転んでしまうため、ガニ股で歩かないといけない。疲れてきて、つい普通のステップになると、すぐにアイゼンがダウンに引っかかり転んでしまう。

傾斜がきつくて真っすぐ登ることはできないので、足をハの字型にして登ったり、斜面に対して体を90度横にしてカニ歩きのように登ったりする。このような登り方を何時間も続けなければならないので、足首が痛くなってくる。そのため、体の向きを何度も変え、ロープやピッケルをうまく使いながら、足の特定部分にだけ負担が偏らないように体全体で負荷を受け止めるように意識しながら登る。

そして、もちろんこの時も例の激しい呼吸をし続けたままだ。

C3以上になると、周りの登山者も本当に辛《つら》そうで、倒れている人も見かけるようになる。それと共に、ますます壮大な景色が眼前に広がり、ここで息絶えるならそれでも構わないとすら思えてきて、ハイ状態になってくる。

C4に到着すると、息絶えて下山できなかった登山者達が残したテントや装備品の残骸が散らかっている。遺体も放置されていると言われており、遠目から見ると人の体の大きさの、テントや寝袋等で包まれている物体がいくつか残されている。

ちなみにルート上にも遺体が放置されていて、それらがルートの目印にもなっているという噂があるが、少なくともネパール側ではそんなことはない。高所では、重たい遺体を回収することは困難なので、明らかに目につくものは氷河に投げ捨てられている。

チベット側のルートには以前はちらほら遺体が目に見える形で放置されていたようだが、2022年の北京《ペキン》オリンピックの際に、まとめて氷河に投げ捨てられたようだ。

C4では1日休養日を取ったが、**ちょうどこの日、日本では、友人の医師兼人気作家である中山《なかやま》祐《ゆう》次郎《じろう》さんとあやちゃんの結婚式があったため、衛星電話で祝辞を述べさせていただいた。**電話をする時は酸素マスクを外さないといけないので苦しかったが、これも良い思い出だ。

そういえば、C2でも、友人で人狼ゲーム店舗の共同経営者でもあったラジオDJのサッシャの紹介で、J-WAVEに衛星電話を用いてゲスト出演させてもらった。

## アタックに向かう極限下でも冷静に全てを受け入れる覚悟を決める

いよいよアタックだが、休養日に、同じ隊のメンバーが、勝手に彼の都合で僕と彼のテントの配置を換えようと、僕がテントにいない間に僕と彼の荷物が全て入れ替えられていたということがあった。

そのせいで必要な小物が見当たらなくなったり、より狭い空間で寝ないといけなくなったりと、どうして7900mの場所でそんな勝手なことをするのかという腹立たしさや、疲労や興奮もあってか、一睡もできないままのアタックとなってしまった。

しかし、**司法試験の時でも、ほかの時でも常に考えてきたように、ちゃんと寝られていたら力が出せたのにと言ったところで何の意味もなく、それでハンディがもらえるわけではない。**

これも登山の一部として、与えられた諸条件を全て受け入れて登れば良いだけだと気持ちを切り替えた。

そして、僕は、登頂するまでは絶対に下山しないし、途中で引き返すくらいならそこで死んでも良いと思って臨んでいたため、全てが想定の範囲内と考えて登り進むことができた。

まず、深夜24時にC4を出発した。

出発時点ではかなり吹雪《ふぶ》いていたが、僕は準備している最中、うっかり酸素マスクを剥き出しの状態でテントの外にしばらく放置してしまい、マスクのチューブ内に粉雪が降りかかり、急速に凍結して使えなくなってしまった。

やむなく、予備にあった古い型のマスクを利用してアタックを開始することになったが、C

4まで使い続けてきたマスクとは大きさも硬さも紐《ひも》の縛り方も異なることから、全く使い慣れていないマスクに運命を託すことになった。

しかも、暗闇でシェルパにマスクを装着してもらったため、一度外すと自分で再装着できる保証もなく、この際マスクには触らず、一切飲まず食わずで登り切ってやろうと覚悟を決めた。

**こんなアクシデントは、もちろん想定の範囲内だ。**

アタックに使える酸素ボンベは3本ある。そのうち1本を自分のバックパックに入れて背負いながら使い、使っていない2本は一緒に歩くシェルパが持ってくれる。

僕の酸素使用ペースは1時間3リットルで、これだと1本あたり6時間もつ。3本だと最長でも18時間がリミットで、この間にC4に戻って来られないと酸素切れとなってしまう。もちろん、水中ではないので、酸素ボンベが尽きても自然の酸素濃度の空気はあり、即死するわけではないが、危険度は一気に高まることから、一応この時間がリミットとなる。

まずは傾斜角度が厳しい斜面で、高度差約500mを4時間ノンストップで登り続けなければならない。平らな場所が全くないので、途中で休むことはできないし、前にも後ろにも登山者がおり、ペースも合わせなければならない。

最初の斜面を登り切ったところに、三浦《みうら》バルコニーと呼ばれる少し平らなスペースがあり、ここで少し休憩して、1本目の酸素ボンベを取り換えた。

三浦バルコニーとは、エベレスト世界最高齢登頂者の三浦雄一郎《ゆういちろう》さんがここでテントを張って寝たことから名づけられている。

ここからは、刃先のように尖って狭い道幅のルートを歩き続けることになる。

しかし、**アドレナリンが出まくり、脳内も覚醒し切っており、辛《つら》さ、寒さや恐怖は一切記憶にない。**

ただただ頂上を目指す覚悟と、常に広がる広大な景色に胸を高ぶらせて一歩一歩登り進んでいた。

そして、頂上の直前にあるヒラリー・ステップと呼ばれる崖状になっている岩場も乗り越え、登山開始から10時間で世界最高峰の頂に立つことができた。

天気も比較的良く、視界は良好だったが、それでも気温はマイナス25度を下回り、強い突風が吹き続けていた。写真を撮るために指を出したらすぐに凍傷になりそうになった。

映画やドキュメンタリー番組であれば、ここでエンディングとなるところだが、現実は世界で最も危険な場所にいるわけであり、すぐに下山しなければならない。頂上には10分程度滞在し、すぐに下山を始めた。

下山途中、2本目の酸素ボンベを使い切り、最後の酸素ボンベに取り換えようと、シェルパに作業してもらっていたところ、そのシェルパが酸素ボンベとマスクを繋ぐチューブのシリンダーを雪の中に落としてしまい、凍結して使えなくなってしまった。

一瞬、最悪ボンベなしでC４まで戻ってやるかと思ったが、しばらくシリンダーを温めたり掃除したりして、何とか使えるようになった。

そして、下山を続け、登山開始から16時間でC４に戻ってくることができた。

C４に戻ったといってもまだ高度７９００ｍもあるわけで、少しも油断はできないのだが。

それから翌日以降、C２、BC、麓と、１週間程度かけて下山した。

合計45日の登山だった。

## どんなに厳しい状況であっても、覚悟の範囲内であれば乗り越えられる

下山後、体には様々な傷が残った。

１か月半もの間、歯を食いしばり続けたため、左上の奥歯の手前の歯が折れた。根元付近に真横に亀裂が入り、帰国後に抜歯することになった。

凍傷の酷かった左目横のコメカミ付近には、登頂から何年も経過した今でも黒い跡が残っている。指は痺れて帰国後数か月は曲げると痛んだ。日本で痛めた足も登山が終わった途端に気が抜けたのか鋭く痛み始めた。

しかし、登山中は死んでも良いという覚悟が強過ぎたために、何もかもが想定の範囲内で大した挑戦には感じず、恐怖や不安や苦痛は全くなかった。

エベレスト登頂に関して、辛《つら》い状況をどうやって乗り越えたのかという質問を受けることがあるが、**どれだけ客観的に厳しい状況があったとしても、それが覚悟の想定の範囲内に収まっている限りは、さほど辛いとも大変なことだとも感じなくなる。**

指を失ったとしても、エベレストで指を失ったという経験が増えるからプラスだとさえ本当に思っていた。

この年、ネパール側では約350人が頂上を目指したが、そのうち僕が知っているだけで6人が亡くなった。そのうちの一人は日本人登山家として有名だった栗城史多《くりきのぶかず》さんだ。

栗城さんは、日本にいる時にお会いしたことがあったし、BCでは、チームが隣同士で日本から持参したお互いのお菓子を交換し合ったりしていたので、とても他人事《ひとごと》ではない。

しかし、エベレストで命を絶った彼らもきっと、死の覚悟を持っていたのだろうと思う。

僕は山中に約1か月半いたことになる。これは長いと言われることがあるが、ほかの挑戦

（例えば、司法試験は何年もかかる）に比べると、**人生の中では比較的短期間で物理的に命を懸けてこれだけの挑戦ができるのは、時間軸で言えば非常にコスパが良いと思った。**

頂上の景色は言葉にできない美しさ、荘厳さで本当に美しかった。

ヒマラヤを一望できる光景を忘れることはない。

ただの趣味が高じただけであって、社会的には何の生産性もなく、成功とは言えないかもしれないが、僕の人生において、大きな「成幸」の一つとなった。

エベレスト登山時の動画は、僕のＹｏｕＴｕｂｅチャンネルで【冒険家弁護士】のタイトルで公開しているので、ぜひご覧いただきたい。

なお、エベレストでも弁護士業務は普通にこなしており、この年も売上１億円を超えていたことを付記しておきたい。

## 「M－1グランプリ」に出場し、お笑いを当事者として体感する

2018年は、エベレスト登山の年であったが、ほかに面白かったものとしては、「M－1グランプリ」に出場したことがある。

M－1は、素人であっても参加費2000円を払えば、誰でも1回戦には出場できる。プロの芸人であっても、前年のファイナリストが2回戦から出場できる以外は、全組が1回戦からであり、アマチュアがプロと同じ舞台で漫才を披露することができる。

**僕は人狼ゲームの店舗を一緒に経営していたカズさんと「美容師弁護士」というコンビを組んだ。**台本は僕が考え、センターマイクを買ってきて渋谷や新宿《しんじゅく》の路上で練習し、本番に臨んだ。

普通に1回戦落ちだったが、アマチュアは30組に1組くらいしか2回戦に進めず、なかなかハードルは高い。

それに、実際に自分達で台本を作って練習してみると、オリジナル性があって2、3分という規定時間内のストーリーを考えるのがいかに難しいかわかるし、観客席に十分聞こえる声量で滑舌良く、自然な会話に近く話すことがどれだけ難しいかもわかる。

僕は、NON STYLEの井上さんや、麒麟の田村裕さん、お見送り芸人しんいちくんといったM－1や、ピン芸人の大会であるR－1で優勝したりファイナリストにまでなったりしている芸人の友達がいるが、自分達でも漫才をしてみることで、芸人という職業がどれだけ凄いかを肌感覚で実感できた。

そのおかげで**元々好きだったお笑いに対して、一層リスペクトを持って楽しむことができるようになったし、人生の楽しみが増えたと思う。**

美容師弁護士は、さらにコントにも挑戦し、東京・港区の赤坂《あかさか》で自分達主催のお笑いライブを開催したこともあった。ほとんど友達ばかりだが、30人くらい観客が来てくれた。

ほかの出演者も友達ばかりだったが、お見送り芸人しんいちくん、政治コメンテーターとしても活躍しているたかまつななちゃん、オリンピックにも出場している成田童夢《なりたどうむ》くんらと一緒にライブを開くことができた。

僕のYouTubeチャンネルに【美容師弁護士】のタイトルで漫才やライブをいくつか公開しているので、見てみて欲しい。大したクオリティではないと言われると思うが、この程度に仕上げることですら、実際にゼロからやってみると大変なのだ。

M－1には結局、この年含めて3回出場し、毎年1回戦落ちだったが、**自分達が当事者として挑戦してみることで、お笑いがもっと好きになるので、お笑い好きの人は、ぜひ挑戦してみて欲しい。**これも「成幸」の一つの形だ。

# 第10章

# 新しい
# 事業アイデアの
# 実現

## ―― 世界七大陸最高峰を制覇、
## 作家デビュー

弁護士10年目
［2019年、38～39歳］
年収7200万円

## 2度目の南極大陸上陸で人類未踏峰登頂と南極点ラストディグリー

節目となる弁護士10年目を迎えたが、この頃は自分が弁護士であるという認識すらなくなりつつあった。むしろ、カジュアルな冒険家という意識が強かった時期だ。

前年末から2度目の南極に行ってきた。

南極には人類がまだ誰も登っていない未踏峰がいくつもあり、その一つの登頂に挑戦した。ちなみに未踏峰の初登頂により、その山に名前がつけられるといった話があるが、南極にある未踏峰は一見誰も登ったことがないと認識されている山でも、辺鄙《へんぴ》な場所にあるだけで、物理的には比較的容易に登頂できる以上、過去に誰かが調査目的等でたまたま登っている可能性がないとは言い切れない。

そのため、未踏峰を証明することが難しく、公式に初登頂という扱いはされにくいのだが、登山界のジャーナル等で未踏峰の初登頂ということで扱われることはある。

**僕は元日に人類未踏峰に登頂し、非公式ながら、Mt. FUKUNAGAという名称をつけてきた。**

比較的登りやすい未踏峰はほとんどなくなってきているので、興味がある人はお早めに。

また、南極点ラストディグリーにも挑戦した。Last Degreeという言葉どおり、南極点、つまり南緯90度の1度手前の南緯89度からラスト1度（約111㎞）をスキー歩行で南極点に到達するというものだ。冒険家グランドスラムのスタンプラリーの一つだ。

9人のチームで、ユニオン・グレイシャーの基地からフライトで南緯89度まで飛んで降ろしてもらい、そこからひたすらスキー歩行で南極点を目指して歩き続けた。

360度、見渡す限り地平線の白銀の世界で、目印が何もない。

ただ、南半球だと太陽が北側に昇るので、南極点の方向を向くと、太陽は背中側に来る。つまり、自分の影が伸びている方向が南極点を指していることになるため、常に自分の影の方向に歩き続けることになる。

歩く距離で言えば111㎞なので大したことはないが、気温が常にマイナス25～40度、さらに風が吹くとマイナス50度にもなる環境で（僕も凍傷で頬と耳に傷を負った）、標高が3000m前後、緯度が高いので、空気量が富士山《ふじさん》の頂上くらい、荷物は30kg以上、という条件で**1週間以上歩き続けると、環境適応力のない人は次第に疲弊していき、9人のうち3人がゴールできずリタイヤした。**

僕は難なく南極点に到達し、前年にオセアニア最高峰カルステンツ・ピラミッド（4884m）にも登頂していたので、冒険家グランドスラム達成に、残るはデナリと北極点ラストディグリーのみとなった。

## 北米最高峰デナリ（6190m）に登頂し、世界七大陸最高峰を制覇

5月にデナリ挑戦のためアラスカに向かった。

デナリは、以前はマッキンリーと呼ばれていた山で、国民栄誉賞を受賞した冒険家の植村直己《うえむらなおみ》さんが遭難して亡くなられたとされる山でもある。夏でも登頂率は30％以下と言われており、僕も2016年に挑戦していたが、その際は終始悪天候で、最終キャンプ地にすら行けずに撤退となっていた。

**シェルパを使わない登山が通常で、3週間分の食料、燃料、テント、寝袋、装備品等の全てのアイテムを自分で運ばなければいけない。**今回だと一人あたりの重量が70kgを超えていた。

これだけの量になると一気に全ての荷物を運んで移動するのは難しい。

そのため、例えばＣ１からＣ２に移動する場合であれば、①荷物の半分をＣ１に残して出発し、残りの半分の荷物をＣ１とＣ２の間まで運んでいって道中の雪に埋めてＣ１に戻る。②次はＣ１に残してあったもう半分の荷物を運んでＣ２に移動する。③そして、Ｃ２から道中に埋めてきた荷物を取りに戻ってくるという3行程で荷物を移動させつつ高度を上げていくことになる。

アタックに辿り着くまでには、このような行程を何度も行う必要があり、毎日6〜8時間の登山を10日くらいやり続けるので、その間に弱っていく人もいる。僕のチームにもリタイヤする人がいた。

ただ、すでにエベレスト登頂済みの僕からすると、全くどうってことはなく、合計20日間の行程で、アタックは往復14時間くらいで、無事にデナリに登頂することができた。

これで**少し本格的な登山を始めて3年半で、世界七大陸最高峰を制覇することができた。**

一応日本人では数十人しか達成していないスタンプラリーであり、達成感はあった。

そして、冒険家グランドスラムの達成には北極点ラストディグリーを残すのみとなったが、いつの間にか冒険に関して、随分と鍛えられたように思う。

# モチベーション設計の仕方

唐突だが、ミッドタウンから東京・渋谷区のラトゥール代官山《だいかんやま》に引っ越した話をしたい。

ミッドタウンは更新時に賃料が上がっていて80万円くらいだったが、２０１９年9月末から住み始めたラトゥール代官山の家賃は約３００万円だった。

この家にした理由はいくつかあり、一つは、ここ数年、冒険のために海外にいる期間が長くなっており、国内の友達との交流が減っていたので、冒険にほぼ一区切りがついたタイミングで、しばらく日本にいる時間を長くして友達と集まりやすい自宅にしようと考えた。

また、もう一つの理由は、プレッシャーモチベーションを上げるためだ。

**モチベーションとは、インセンティブモチベーションとプレッシャーモチベーションとがあると考えている。**

インセンティブモチベーションとは、これを達成すればお金が稼げるとか、達成感が得られるとか、異性にモテるとか、要は何かご褒美を期待して高まるモチベーションだ。

逆にプレッシャーモチベーションとは、何かを失ってしまうような不安があって追い込まれることにより、踏ん張らなければという思いを起こさせるモチベーションだ。

もしかすると褒めて伸びるタイプと叱って伸びるタイプも、このモチベーションの使い分けなのかもしれないが、**どちらかのモチベーションが良いというわけではなく、やる気を引き出せるようにうまく使い分ければ良いと考えている。**

僕の場合、元々お金に無頓着ではあったが、不動産を大量に購入したことにより、およそ資産が減らない状態を作ってしまっていた。

自由に好きなことをし続けるために不労収入の仕組み作りをしたのだが、それにより経済面でのモチベーションが一切なくなってしまったかもしれないと思った。

そこでラトゥール代官山の家賃を支払うようになれば、それだけで年間3600万円となり、さすがに年1億円程度の不労収入であれば使い果たしてしまう可能性が出てくる。

資産が多少は減っていく水準に固定費を上げることで、また何か新しいことに挑戦しなければというプレッシャーモチベーションが生まれたらいいなという思いで、固定費を上げてみたのだ。

こんな感じで、**生活におけるモチベーション設計にゲーム感覚で取り組んでいる。**

ただ、そもそもお金に執着心がないため、こんなことでは何のモチベーションにもならなかったのだが、結果的には本当にいろんな人に遊びに来てもらえたので良かったと思う。Ｔｗｉｔｔｅｒで募って知らない人達を何十人も自宅に招いたこともあれば、ＫＡＴ－ＴＵＮの亀梨和也《かめなしかずや》くん、女優の内田理央《うちだりお》さんや「ＮＨＫ紅白歌合戦」に出場しているflumpoolの山《やま》村隆太《むらりゅうた》くんや、セクシー男優のしみけんさんや、セクシー女優の深田《ふかだ》えいみさんまで、様々な人達が遊びに来てくれたこともあった。

余談だが、ラトゥール代官山やその他大手不動産会社が管理するマンションでは、法人登記をすることが禁止されている。そのため、僕が様々な事業をしている会社の本店所在地の登記は、相方のカズさんの事務所の一つに置かせてもらっている。

## 光本勇介さんの『実験思考』に１０００万円課金と居候募集企画

光本勇介《みつもとゆうすけ》さんは「ＣＡＳＨ」というアプリを開発し、これをＤＭＭに70億円で売却したことで有名だが、それ以外にもカーシェアサービスや、「STORES」というECサイトの作成管理サービス等、様々な事業を展開してはバイアウトまで仕上げるという、まさに実績のある連続起業家だ。

光本さんは、出版社・幻冬舎《げんとうしゃ》の編集者である箕輪厚介《みのわこうすけ》さんと組んで『実験思考』という書籍を出版した。**この本は本自体の価格はKindle版だと0円で、読んだ後に気に入ったら好きな金額を支払えば良いという斬新な企画だった。**

しかも、支払金額に応じて、様々な特典があった。中でも一番高額なのが、1000万円を支払えば光本さんから事業アイデアがもらえて、起業を手伝ってもらえるというものだ。

つまり、この本は、通常の書籍出版ではなく、クラファンのパンフレットのようなものだったのだ。

**僕はこれを見た時にすぐに飛びつき、1000万円を支払った。**

一方、ほかにも3名の1000万円支払者がいることがわかった。

光本さんは多数の事業アイデアを持っているのだが、計4名の支払者に対して与えてくれるアイデアには優劣があるはずだ。

そこで少しでも僕に対して興味を持ってもらい、より良いアイデアを優先的にもらえるようにしたいと思った。

そして、『実験思考』の本の中にもいくつかの事業アイデアが述べられており、そのうちの一つとして無料の賃貸マンションに関する記載があった。

これは元々オランダの売春宿にヒントがある。オランダは売春が一定の条件において合法だが、中には無料の売春宿があるらしい。ではどうやって売春婦に対価が支払われるかというと、売春の映像を有料で流してマネタイズするとのことだ。確かに理屈上はあり得るのだろうと思う。

これを応用して、**賃貸マンションの部屋内を有料で配信することでマネタイズして家賃を無料にする**ということが考えられる。

これは面白いし、僕の自宅でもできるのではないかと思った。

僕の当時の自宅にはすでに居候の向田光地《むかいだこうじ》くんというカズさんとバドミントンのダブルスを組んでいるサラリーマンが居候していたが、お手製のテラスハウスのように、リビングに複数の居候に住んでもらい、それを配信すれば見に来てくれる人がいるのではないかと思った。

１０００万円を支払った後、光本さんとの初回面談までに、何とかネタ作りとして、こんなことを試してきましたという実績を作りたいと思った。

僕に対して、行動力があるとか、好奇心旺盛だと感じてもらえれば、それだけ面白いアイデアがもらえるかもしれないからだ。

**そこでTwitterで居候募集と銘打って、居候を公募した。**

すると無数に存在する野次馬達から、散々小馬鹿にするコメントが飛び交った。居候募集というワードに興奮させてしまったわけだが、これだけ反応が良ければ、本当にマネタイズ可能かもしれないと思った。

その後、元から知っていた20代の女性で、比較的コミュニケーション力があり、ルックスも良い子が応募してくれたため、企画に向いていると思って採用しようとした。

しかし、彼女はTwitterではオタサーの姫のような存在だったため、アンチが大量に湧いてきて、あの手この手で文句を言い、結果、その女性も嫌気が差してしまい、居候企画は流れてしまった。

**僕のプライベート空間において、成人男女が同意のもとに何をしようが勝手だし、海外ではよくあるルームシェアやホームステイにほかならない**わけで、光本さんの件とは別に、またいずれ機会を見て募ってみたいと考えている。

このように、炎上は他人からの評価に過ぎず、自分が楽しいと思えることなら「成幸」として何でも試してみれば良い。

# 宝くじアプリ「365」の開発

1000万円企画については、結局、光本さんからはいろんなアイデアをもらえたが、僕が興味を持ったのは宝くじアプリだった。

それは、**ユーザーには毎日、一定金額が課金されつつ、総額から手数料を引いた残額を一人に総取りしてもらう**という内容のものだ。サービス名は、365日の毎日にちょっとした楽しみをというコンセプトから、「365」（サンロクゴ）と名づけた。

エンジニアに外注して、アプリもWEB版もほぼ作成し終えて、テストサイトを用いて開発者チームで試験運転をしていたところ、僕のアンチの一部がそれを発見し、賭博だと騒ぎ始めた。

ちなみに賭博と宝くじ（刑法では富くじと定義されている）は、判例上、明確に区別されており、「365」が賭博に該当することはない。

また、宝くじについても、判例の考え方では、宝くじの仕組みそのものを包括的に禁止しているのではなく、くじ札《ふだ》という有体物の発売等をする行為に着目して禁止していると考えられた。

そのため、**僕は判例に照らして違法行為とならないようなサービス設計をした上、さらに経済産業省によるグレーゾーン解消制度という、新しい事業の適法性を確認する制度の利用を考えていたところだった**が、その前に、先ほどのアンチ達の騒ぎが起きてしまったのだ。

もっとも、こういう騒ぎを無料の広告として利用できることも、敢えて弁護士の僕が名前を出してこのサービスを選んだ理由の一つだったため、実際にリリースしたらかなり話題になるのではないかと期待ができた。

ただ、いざリリースのタイミングを見計らいつつ、サイトの最終調整をしていたところ、後に述べるように、**僕がひとり親支援に取り組むことになり、依頼者になり得るひとり親に余計な不安をかけたくなかったため、一旦「365」は中止することにした。**

なお、「365」に関して、再び宏洋氏が、僕の所属弁護士会に対して懲戒請求してきたが、当然却下されている。

## 堀江さんの著書『ハッタリの流儀』にも2000万円課金

幻冬舎の箕輪さんの課金企画については、堀江さんも2000万円で同じ企画を発表したため、僕はバカの一つ覚えのように2000万円を支払って応募した。さすがにほかに応募者はいなかったようだ。

僕は、1か月で本2冊に3000万円も支払ったことになるが、お金はクーポン券であり、非常に良い使い方をしたと思っている。

**堀江さんからも複数のアイデアをもらったが、当時、登録者100万人近いYouTuberのマコなり社長が経営（現在は退任）する株式会社divと業務提携することとなった。**

div社は、プログラミングスクールの会社だが、堀江さんがマコなり社長とYouTubeで対談したところ、その動画からの流入が非常に多かったことから、この際、僕と堀江さんの新会社がdiv社の営業窓口となってはどうかという話になったのだ。

さらにプログラミングスクールの卒業生をグリップし、堀江さんが関与する様々な会社に派遣する労働者派遣等もセットで行えば面白いと考えて企画していたが、コロナ禍が来てしまい、教室型のプログラミングスクールが大打撃を受け、そのまま企画は頓挫してしまった。

その後、僕も後述する誹謗《ひぼう》中傷対応業務やひとり親への支援活動に興味が向いて注力してしまい、堀江さんとの2000万円企画は特に何もせずに終わってしまったが、**堀江さんも一応気を使ってくれているのか、これ以降、ことあるごとにいろんなことで声をかけてくれており、それだけでも意味はあったかなと思っている。**

## アパレルECサイト「mimi minette」オープン

相方のカズさんと一緒に、アパレルの通信販売も始めた。

**僕自身ファッションに全く興味がない分、逆に今まで知らなかった楽しさを感じられたらいいなと思って始めてみた。**

商品を選定してブランドイメージを構築していくために、10年以上の付き合いになる女友達で、女子大生サークルを立ち上げてマーケティングを行っている人に業務委託として参加してもらった。

事業モデルはいわゆるＤｔｏＣ（Direct to Consumer）で、要は自社商品を中間業者を介さずに一般ユーザーに直接販売する形態だ。

ブランド名はmimi《ミミ》 minette《ミネット》（可愛い子猫の意味）として、業務委託の女性から女子大生を十数人紹介してもらい、商品の選定やＥＣサイトの作り込み等をお願いした。

しかし、僕らが始めた頃は、すでにＤｔｏＣ自体がレッドオーシャンとなりつつあり、思うように販売力が伸びなかった。

そして、同時期に、やはり誹謗中傷対応業務等といった**別のやりたいことが出てきたことと、外注していた女子大生達も就職の時期になったことから、2、3年ほどで閉鎖してしまった。**

一応、収支としては、トータルで数百万円程度の黒字にはなった。

ちなみに、この頃、僕が女子大生と人狼ゲームをしている写真がＴｗｉｔｔｅｒで炎上したことがあった。これは、このアパレル事業に参加してくれていたインターン生達との定例会兼懇親会として、打ち合わせ後にお寿司《すし》を食べて人狼ゲームをした際の写真だった。僕が投稿する前に、女子大生達も各々のアカウントで同じような写真を投稿しており、僕もその流れで投稿していたものだ。

会には僕以外にも何人かの大人もいたが、タワーマンションでお寿司を食べるおじさんと女子大生という構図が、野次馬には刺激が強かったようで、鼻血を出しながら絡んできたようだ。

こうやって思い返すと、世の中のアンチ活動をしている人達は、自分を主人公とする人生ではなく、他人の人生の敵役、脇役を演じるのが好きだなと思うが、僕は他人を小馬鹿にして喜ぶ人生ではなく、むしろ他人からいっちょ噛みされる側の人生をこれからも歩んでいきたい。

## エンジェル投資

2019年頃からは、エンジェル投資も始めた。言葉どおり本当にエンジェルで、**ただお金を出すだけで事業運営には一切口出しせず、お任せで、赤字になろうが廃業しようがお構いなしだった。**

旅行と食事くらいにしかお金を使わない僕が余剰資金を持っていても社会の役に立たないの

で、それなら若くて能力のある人に使ってもらった方が良いという考えだ。

美容グッズや化粧品のDtoC、YouTuber育成事務所、ゴーストレストラン、ウェブメディア、ウェディングプランナー、ライドシェアサービス、データ解析、旅行コンサルタント、仮想通貨メディア、雀荘《ジャンそう》、ファンド等、複数社に最低1000万円単位で投資し、合計2億円程度をバラまいた。一時話題だった「clubhouse」という音声SNSにも、僕が5000万円投資したファンドからさらに出資している。

**特にリターンは求めておらず、全てなくなってしまっても構わない余剰資金を投資しているが、結果、事業を潰すだけになっても、投資先の若い人材が1000万円単位のお金を使って一度起業した経験は、その人達にとっては非常に有意義なものとなるはずで、今後の成長の糧になってくれると思う。**

そして、その過程で、たまに僕と面白い話を共有してくれれば、使わなければただの紙屑のお金が、ワクワクの共有との引き換えクーポンとして利用できたことになる。これも「成幸」の一つであるし、自分の生活は十分成り立つ仕組み作りができているからこそ楽しめることだ。

とはいえ、出資先のうち2社が上場準備に入っており、いつかはリターンも期待できるのかもしれない。なお、僕の投資先の一部は、「Angel Port」というサイトに掲載されている(https://angl.jp/fukunagakatsuya)。

## 『日本一稼ぐ弁護士の仕事術』を出版し、友人にアマギフ配付実験

1冊目の著書『日本一稼ぐ弁護士の仕事術』を出版した。

**この本は2万部くらい売れており、素人が書いた本としては十分な成果だったと思う。**最近では初版が3000〜5000部程度の本が多く、増刷になるのは3分の1くらいだそうだ。

僕はこの本を出版した際、友人の希望者には本を無料プレゼントすることにした。プレゼントの仕方は、発売後に自分で購入した著書を贈るのではなく、事前にアマゾンギフト券（アマギフ）を渡して、各自で購入してもらうことにした。

このようにした理由は三つある。

一つ目は、僕が直接贈るとなると、すぐに会う機会がある人なら良いが、それ以外には郵送する必要がある。しかし、住所を聞くのが手間だし、送料も別途かかってしまう。この点、自ら購入してもらえれば簡単に贈れる。

二つ目は、プレゼント用に自分で大量購入するぐらいであれば、日時を指定してアマゾンから購入してもらった方がランキングの足しになることだ。

とはいえ、そんなに大量の本を配るわけではないので、実際、どの程度ランキングに影響するのかはわからない。結果的には、初日は総合ランキングが1位になり、数週間は上位ランキングに入っていたが、販売部数2万部のうち僕の友人が買った部数は1％にも全く満たないものだったため、ランキングへの影響度は不明だ。

そして、三つ目の理由として、実は非常に面白い実験をしており、これがアマギフを配る一番の目的だった。

光本さんとは、当時、「365」以外にもう一つのサービスを開始したいと思っていた。そのサービスは、**小口の取引について、消費者の性善説を前提としたサービス設計を試みるものだった**。

そこで、人々の性善説をどの程度信じられるのか、アマギフをバラまいて約束どおりに書籍を購入してくれる人の割合を検証してみようと思ったのだ。

配ったアマギフは、使用したこと自体は確認できるが、何に使用したかまでは確認ができないため、アカウントにチャージするだけだったり、違う商品を購入したりしても、僕からはわからない。

しかし、アマギフを配った人には、特定日時での注文をお願いしていたことから、その時間の販売部数と、アマギフの使用数を参照すれば、どの程度の割合できちんと約束を守ってくれたかが概ね確認できる。

**結果的には、かなり高い確率で約束どおりに購入してくれたことが推察できた。**

このように書籍を出版するだけでも、いろんな角度から面白そうなことを考えてやってみると、何気ない日々が楽しくなる。

ちなみに、この時考えていたサービスは、どうしても回避できない法律上の問題点が明らかになり、頓挫してしまった。

## リスクを気にするな

書籍出版に関して、出版後に非常に多くの人から直接連絡をいただき、2024年8月までカウントすると500人近くいるはずだ。

もちろん、出版直後が最も多かったが、一度会いたいという連絡を多数もらったことから、**当時の自宅であったミッドタウンを開放し、Ｔｗｉｔｔｅｒには住所を部屋番号まで載せ、今週末に誰でも好きな時間に来てくださいとアナウンスしたところ、２日間でなんと１３０人も知らない人が自宅に遊びに来た。**

これもなかなか面白い経験だ。知らない人を自宅に招き入れて怖くないのかと言われることがあるが、道を歩けば知らない人とたくさんすれ違っているのに、今更何が怖いのか不明だ。もちろん、僕に危害を加えようと思えば物理的にはできてしまうが、それをするメリットが何もないし、本当にそういう人物がいれば、自宅以外でもいくらでも可能だ。

世の中の人は抽象的なリスクを気にし過ぎている。

僕はエベレストで３５０人が頂上を目指した中、少なくとも６人が死亡するという現場に立ち、具体的なリスクも取ってきた。

また、何かに挑戦する際に失敗することにばかり目がいく人がいる。しかし、**失敗したところで、僕達には元から大した財産も名誉もなく、失うものなど何もないはずだ。**自意識過剰でもない限り、僕達庶民は恥をかくことさえできないのだ。

成功のためには圧倒的な行動量が必要だから、大半が外れる前提の宝くじを買いまくるつもりで、次から次へと挑戦していくべきだ。

失敗しても、その過程で経験や人脈や思い出を築くことができ、これこそが生き甲斐であり、資産となっていく。

また、**著書をきっかけに新しい知り合いから僕と一緒に何かをしたいと言ってもらえる機会が増えたため、オンラインサロンを立ち上げてみた。**

サロンの内容は、単に一緒にホームパーティー等のイベントをするのが主となってしまったが、30人くらい集まってくれた。結局、1年半くらいで閉鎖したが、新しい友人もできたし、300万円くらいの収益にもなった。

ほかには寿司アカデミーという寿司職人の専門学校にも通った。

これはM-1に出場するのと同じで、食事好きな自分としては、実際に作り手になってみることでその難しさを知り、一層食事を好きになるためだ。

実際、魚を捌いていると、少しもたついただけで硬くなり、形が崩れてしまい、寿司店のように美しい寿司を作る難しさを、身をもって体験することができた。

他方、やめたこととして、4年間お世話になっていたワタナベエンターテインメントを離籍することにした。

理由は、すでに4年間在籍したため、地上波ゴールデンタイム番組には多数回出演させてもらったし、レギュラー番組も持たせてもらった。芸能界の友達もそこそこできたが、これ以上続けたところで、僕がタレントとして飛躍できるとは全く考えていなかったからだ。

そうであれば、**同じ経験を2周、3周とするよりは、所属している組織は少しでも少なくしておいた方が自由度が増すと思った。**

例えば、「365」をリリースすれば、一定の炎上になる可能性がある。むしろ、そうなるようにしかけるつもりだった。こういう時に所属組織があると迷惑をかけてしまうことがある。ワタナベには一方的にお世話になって感謝する立場であるため、そのような迷惑はかけたくないと思った。

さて、2019年は器用貧乏にいろんなことに挑戦していったが、弁護士業の売上はついに1億円を割り込み、法人による収益を入れて、ようやく1億円の大台に乗るくらいとなっていた。課税所得は表記できるレベルではないので、この年からはご勘弁いただきたい。

第11章

# いかがわしさを許容する生き方

――誹謗中傷との戦い

弁護士11年目
［2020年、39〜40歳］
年収7400万円

## 新型コロナウイルスの影響で法律業務を再開

直近の数年間は海外によく行っていたのが、コロナ禍によりどこにも行けなくなった。しかも、国内旅行ですら、自粛要請のせいで観光地が閉鎖してしまい、あまり楽しめない状態となってしまった。

**どうせ東京にいることが多くなるのであれば、東京でなければできないことをしようと思い、それは久しぶりの法律業務だった。**

弁護士の業務は未だにフルリモートでは対応し切れない手続が多い。裁判は東京地裁で行うことが多く、裁判の度に旅行先から戻ってくるのは煩わしいが、元から東京にいるのであれば、やっても良いかなと思った。

そして、5月に誹謗中傷でプロレスラーの木村花《きむらはな》さんが自殺したニュースを見て、前から著名人への誹謗中傷を何とかしたいと思っていたため、この問題に取り組むことにした。

# いかがわしさを許容できる社会へ

誹謗中傷というと、そもそも定義が何だとなるが、法的に言えば違法と評価される発言ということだろう。

しかし、**僕は、違法かどうかに関係なく、何の関係もない他人にケチをつけて小馬鹿にしたり、いっちょ噛みしたりする文化自体がなくなるべきだと思っている。**

日本は、高度経済成長期を終え、ほかの先進国から後れを取りつつあり、予定調和な横並びにみんなで同じことをしていれば成長できる局面ではない。

アメリカではＧＡＦＡ（Google、Apple、Facebook、Amazon）が、中国ではＢＡＴ（Baidu、Alibaba、Tencent）といった巨大ＩＴ企業が成長し、国を牽引してきている。

そして、こういった企業には、圧倒的なカリスマ性、スター性を持つ創業者が築き上げてきたものがある。

**日本の横並びで出る杭《くい》を打つような文化で、スティーブ・ジョブズのような人材が輩出できるとは思えない。**

時代背景もあるが、ジョブズは高校生の時にはＬＳＤ（幻覚作用のある違法薬物）を使用していたし、起業してからも超パワハラで暴言を吐きまくったり、妊娠した彼女に中絶を迫ったりと、異常に気難しく自己中心的な人物であったことで知られている。

日本でこんな人物が会社を経営していれば、すぐに大バッシングでポジションを奪われてしまうだろう。

ジョブズの例は極端であるが、**日本は、もっと「いかがわしい」ものが許容されるべきだと思う。**

ライブドアの頃、堀江さんに対して、日本中が大バッシングをし、社会的ポジションを全て奪ってしまったが、当時、堀江さんが構想していたように、もしかしたらネットフリックスは日本から誕生していたかもしれない。

もちろん、必ずそうなったとは言えないが、堀江さんのような人が１００人いれば、誰かがＧＡＦＡのような企業を築き上げるかもしれない。しかし、**今の日本ではあの頃の堀江さんのような人材を、一人も許容する余地のない文化が形成されている。**

もう少し、いかがわしいものを社会で受け入れて育ててみることが必要ではないかと思う。

今のように他人の粗探しをして、何か批判できる要素があると徹底的に叩《たた》き潰すような行動を取っている限りは、マイナス点がない代わりに大きなプラスもない人材しか出てこない。

# 知らない多数の人の意見ではなく、信頼できて実績のある一人の意見を大切にすべし

僕には著名人の友達が相当数いることから、彼らのためにも誹謗中傷を減らしたいという思いが以前からあった。しかも、彼らから友人を紹介してもらえることが期待でき、自分の知見や余っている時間を引き換えに、友達が増えるというメリットも期待できた。

**幸い僕の友達や僕自身は、比較的他人からの批判に無関心で、他人から誹謗中傷やウザ絡みといわれるようなものをされても、自分の行動を変えることは少ない。**

しかし、こういう絡まれ方をすることで、やりたかった夢を諦めてしまう人や、目標へのモチベーションを失ってしまう人がいるかもしれない。

以前ほど豊かではなくなってしまった日本で、多数派にとって心地良い活動ばかりしていては、どんどん落ちぶれてしまう。多数派に寄り添うことで成長できる局面ではない。ただでさえ貧しくなっていく日本で、互いに足を引っ張り合っている場合ではない。

もちろん、単に奇抜で少数派であれば良いという意味ではない。

その物事が自分にとって本当に良いものなのかを自分で判断しなければならない。

つい多数の声を聞いてしまう人もいるが、**抽象化された多数の声は、当事者意識のない無責任な街角アンケートと変わらない。どれだけ多くの声が集まっていても、当事者として考える自分一人の意見に勝ることはない。**

ましてやSNSで受け取る意見など一切聞く必要がない。

姿の見えない相手は、あたかも自分と似たような属性の人物だと考えてしまうが、全くそうではない。

そもそも**実績が明らかではない人物の意見に価値はない**。その人の考えに基づいて生きてきた結果が、その人の今のありさまだからだ。

そんな意味のない、知らない多数の人の意見ではなく、一人でいいから信頼できて実績のある人の意見を聞けば良い。

# 自分を主人公とする生活を送ろう

僕の依頼者で、小学生の時からYouTuberをしている「ゆたぼん」という男の子がいる。彼は毎日学校に通うことはせず、不定期に登校しつつ、基本的にはYouTuberとしての活動に努めてきた。

これに対して、非常に多くの人が毎日のように彼や彼のお父さんを批判して叩き続けてきた。確かに僕も一般論として、学校には行った方が良いと思っている。それは義務だからではなく、学校には勉強して、友達を作り、様々な経験や思い出を作りやすい環境がパッケージ化されているからだ。なので、学校に行かずにYouTuberをすること自体に積極的に賛同しているわけではない。

しかし、これはあくまでも一般論であって、**子供が1万人いれば、そのうち何人かは学校に行かない方が良い子も必ず含まれてくる。**それがゆたぼんでない保証はない。その判断は、その子自身と家族がすべきことだ。

また、ゆたぼんが学校に行かないくらいでは、他人にも社会にも何の影響もない。彼らのアンチ活動をしている人達は、もっともらしい正義を語っているが、単に気に入らないというだけだろう。仮に学校に行かないことが彼にとってマイナスであっても、それは彼自身の問題に過ぎない。

それにもかかわらず、**たった一人の男の子が学校に行かないことさえ許容できない、スルーできない社会はあまりに許容性がなく、他人の人生に安易に干渉し過ぎだと思う。**

この程度のいかがわしさも許容できない社会なら、本当にジョブズが日本で生まれていたとしても、あっという間に叩き潰されてしまうだろう。

他人の行動について、良し悪しを考えるのは自由だが、具体的な害があるわけでもないのに、相手を潰すところまで徹底的に叩こうとする世の中に対して、揺り戻しをしたいと思っている。

**他人の行動に目がいくのではなく、もっと自分自身の生活に目を向けて、楽しいことを追求していく文化が育って欲しいと思う。**

SNSを眺めていれば、いくらでも批判すべき他人や出来事は発見できるだろう。そもそもリアルな人も社会も完璧なものはどこにもなく、欠点があって当たり前だからだ。

それらを日々批判して過ごしていれば、自分が他人を評価して制裁を下せる立場にいるような気がして楽しいだろう。

ターゲットは無限に存在し、永遠に批判をし続けることで制裁欲を満たせるだろう。

しかし、そんな生活を送っていると、人や物事を見る目線が常に批判家目線になっていってしまう。全ての人には良い面と悪い面があるのに、悪い面ばかりに目がいくようになってしまう。ほかの人が許せることでも、自分だけは許せないようになっていく。自分の感性や着眼点が、どんどんネガティブになってしまう。

人の行いについて、マイナス面ばかりに着目するようになると、いざ自分が何かに挑戦する時も失敗するリスクばかりが気になるようになってしまう。

批判が得意な人達は、他人を小馬鹿にして揶揄《やゆ》して、時として炎上を引き起こし、その結果、どんどん性格が悪く陰湿な人間になっていっている。そして、そんなノーコスト、ノーリスクで他人を貶《けな》し、制裁欲を満たしているうちに、そういう人物は、酷く醜くなっていく。その結果、彼らが得たものは自己満足と、同じように陰湿で悪口が得意なフォロワーだけだ。リアルな生活は1ミリも向上することはない。

**そんな物《もの》の怪《け》のような生き方をしてはならない。**

弁護士にも職業柄、陰湿な人が多いのか、そのような人物は何人もいる。Xでも、高橋雄一《たかはしゆういち》郎《ろう》や菊川一将《きくがわかずまさ》や橋本太地《はしもとたいち》といった弁護士が、日々いろんな人に絡みにいっているのが確認できると思う。彼らはたまたまイケメン揃いではあるが、残念ながら本業での実績は聞いたことがない。

他人を批判する活動というのは、批判するターゲットが存在して初めて成り立つものだ。常に自分以外の他人を必要とする活動であって、それは他人を主人公とし、自分を敵役、脇役にするのと同じだ。まるで、自分の人生に足りない楽しみや生き甲斐を、他人の人生に物乞いしているようなものだ。

こういう人達が本質的に一番間違っているのは、人は、会ったこともない知らない人の意見など聞くことはないという当たり前の心情を全く理解していないことだ。自分達が正当な批判さえ繰り広げていれば、そこには価値があると思い込んでいる。

しかし、人が自らの行いを変える時は、信頼関係のある間柄において、相手の立場に十分配慮して慎重に丁寧に指摘された場合や、圧倒的な実績を有する人に諭された時ぐらいだろう。

子供の頃、大人になったら好きなことができると言われたことがないだろうか。

しかし、実際に大人になってみると、大人なんだから社会に合わせろと言われる。

だったら、いつになったら好きなことができるのであろうか。

**子供だろうと大人だろうと、生まれてから死ぬまで、ずっと自分の考えで自分の行動を選択していくしかない。**

僕は、そんな思いで、多数から外れる言動により、批判に晒されているような人の味方でありたいと思っている。

そのため、弁護士としてできるアプローチとして、誹謗中傷に対して法的措置を取っていくことにした。

なお、いかがわしさを許容できる社会になって欲しいという思いについては、2冊目の著書『バカと前向きに付き合う』（クロスメディア・パブリッシング）で大々的に述べているのでご覧いただきたい。

## 本来救うべき人を救うために無料の法律事務所に挑戦

誹謗中傷への対応については、無料の法律事務所として運営していきたいと考えた。

なぜなら、誹謗中傷については、現状の裁判実務を前提とすると、匿名の相手を特定して法的措置を取るにはかなりのハードルがあり、法改正により多少は簡易になったとはいえ、まだまだコスト倒れになることが多いからだ。

例えば、Xで匿名アカウントから誹謗中傷を受けたとして、そのアカウントの利用者を特定して法的措置を取るための弁護士費用の相場は30万～80万円程度だと思う。

これに対して、実際に相手を特定して損害賠償請求をしても、大抵の案件では数十万円程度までに収まってしまう。

もちろん、よほど内容が酷い場合には、１００万円を超えることもあり、僕が扱った案件でも一人から１５０万円を回収したものもある。

とはいえ、多くの案件では赤字となってしまう。

被害者が自ら赤字となってまで法的措置を取ることができるかと言えば、ある程度経済力がある人でないと難しいと思う。

これでは本来救うべき人が救えない。

そもそも僕は以前から、どうして弁護士業務は有料なんだろうと考えてきた。

有料で当たり前だと言われるかもしれないが、困っている人、つまり弱者を助けて、「うまくいって良かったですね、ではお金を払ってください」と言うのは、何かおかしいのではないか。

結局、困っている弱者からお金をもらうことになるんだと。

これは、弁護士業務のマネタイズの方法が、依頼者から直接お金をもらうこと以外に開発されていないせいだと思う。

「法テラス」という制度もあるが、これは借入に過ぎず、依頼者が分割払いで負担することに変わりはない。

また、クラウドファンディングもあるが、これはある程度注目を浴びやすい案件に限られてしまう。

そこで僕は、居候を募集した時のことを思い出した。

あの事業モデルは、住人から賃料をもらうのではなく、生活の様子を有料配信することで閲覧者からお金をもらうというマネタイズ手法だ。

**法律業務についても、法律相談から実際に裁判を利用して法的措置を取っていくまでを、有料で公開することでマネタイズできないかと考えた。**あるいは、公益的な業務だということで、業務内容を公表しつつ、スポンサーをつけられないかとも考えた。

もちろん、そんな簡単にはいかないだろうけど、何か新しいマネタイズ方法を開発していかなければ、これからも弱者から報酬をもらい続けなければならなくなる。

そこで相談者から同意をもらった上で、試しにＹｏｕＴｕｂｅで相談内容を配信してみようと思った。これで閲覧数が伸びればマネタイズができるかもしれない。今はＹｏｕＴｕｂｅで時事解説や登山の動画等を投稿しているが、元々はこのために作成したアカウントだった。

同時にTwitterで、無料で誹謗中傷への法的措置を受任しますと募った。

すると、たった2週間でなんと1300人もの人からDMが来た。

これは弁護士業界として恥じるべきことだ。これだけ困っている人がいるのに、どうすれば良いかもわからず、ただ悩み、傷ついてきたのだ。

僕はDMの中から、僕の知見、経験、興味等から、恣意的に40人くらいをピックアップし、無料で受任させていただいた。

その中には、掲示板に通知をして誹謗中傷の投稿を削除させたもの、実際に開示請求の裁判をして相手を特定して損害賠償請求までしたもの、刑事告訴をして起訴から有罪判決まで持ち込んだもの等、いろんな案件があった。

しかし、僕のYouTubeの閲覧数は大して伸びず、今のところYouTubeでマネタイズするのは難しそうだ。ただ、こういう試みをすること自体が大切だと考えている。

**弁護士みんなで依頼者の負担の少ない仕組みを創造していくべきだと思っている。**

# 誹謗中傷に関する業務の成果

誹謗中傷に関しては、堀江さん、箕輪さん、メンタリストDaiGoさん、ガーシーさん(東谷義和《ひがしたによしかず》前参議院議員)、作家のはあちゅうさん、しみけんさん、NHKから国民を守る党党首の立花孝志《たちばなたかし》さん、ゆたぼん親子、タレントのおかもとまりさんや、ほかにも国民的アイドルや女優、俳優、芸人、スポーツ選手等、多数の相談や依頼をいただいた。

ちなみに、はあちゅうさんの案件を特に優先的にこなしていたが、それは以前、当時日本でトップランクに番組出演本数の多かった女性タレントを紹介してもらい、付き合っていたという恩があるため、そのお返しという裏テーマもあったからだ。

**これら著名人に関しては、必ずしも社会的な弱者とは言えないので、一定の報酬を頂戴している。**

そして、実際に100件以上もの開示請求や損害賠償請求の裁判をし、わずか数年で合計すると1000万円単位の賠償金を回収する程度の成果は得ることができた。

最近では著名人が誹謗中傷に対して法的措置を取ることはさほど珍しくないが、2020年頃はまだ少数で、法的措置を取るだけで著名人側が批判されることも多かった。

理由はメディアに出ている以上はどんな批判でも受け入れろというものや、過去に批判されることをしたのだから何を言われても我慢しろというもの等、様々である。

今の社会は、批判される出来事があった場合に、その大小を吟味せずに、社会的に抹殺するまで叩きまくるという状況が頻発しており、法治国家ではなく、民衆が恣意的に支配する状態となってしまっている。

世間では忖度《そんたく》という言葉が流行《はや》っているが、今の世の中で最も忖度の対象となっているのは民衆ではないかと思う。民衆に嫌われてしまうこと、つまり炎上はちょっとした法律違反よりもよほど恐れられている。

しかし、今時メディアに出ているだけで何を言われても良いというほど特別な立場ではないし、**人は誰しも生きていく中でいろんな過ちを犯したり、他人を傷つけたり、時として違法行為をしてしまったりもするが、かといって無限定に批判を甘受しなければならないわけではない。**

何か批判されるべき問題を起こしてしまったとしても、それによるペナルティは起こした問題と釣り合っていなければならない。それが法治国家のあるべき姿だ。

## 誹謗中傷に対して法的措置を取りやすい世の中に

当時はまだまだ著名人が法的措置を取ることが目立つ世の中だったため、複数の依頼者から、法的措置を取ったら余計に叩かれないかといった相談があった。

**法治国家において、憲法上裁判を受ける権利が保障されているにもかかわらず、司法を利用することをためらわなければならないとは、どれだけ野蛮な国なのだろう。**

そこで依頼者に先行して、まずは僕が広告塔として、誹謗中傷に関する裁判を複数起こすことにした。

弁護士であり、わずかながら知名度のある僕が法的措置を取りまくって、ある意味、法的措置をインフレ化させれば、依頼者は少しでも気軽に裁判をしやすくなるだろうと思った。

また、僕はこの時点では開示請求や誹謗中傷の裁判の経験がなかったので、手っ取り早く経験を積みたいという目的もあった。

そのため、騒ぎに協力してくれそうな人を優先的にピックアップして提訴した。

もちろん、第一の目的はあくまでも僕自身の被害回復であったが、結果的には、僕の依頼者達が裁判することへのハードルが下がったのではないかと思う。

結果論ではあるが、**敗訴してもコストはせいぜい数万円程度であり、広告料としては非常にコスパが良かったのかもしれない。**

## 大量の提訴によるメリット

大量に提訴することは依頼者にも具体的なメリットがあった。

例えば、駅で知らない誰かが喧嘩《けんか》していたら、野次馬根性で面白がって見てみたくなる人はいるだろう。しかし、それは通りすがりに目撃する程度で十分で、いざその輪の中に自分も交ぜられるとなると、途端に嫌がる人は多い。

誹謗中傷の裁判も同じで、SNSで騒ぎになると、みんながギャラリーとして喜んで野次馬に加わろうとするが、裁判の当事者になることは嫌がる人が多い。

裁判になって敗訴しても、せいぜい数万円から数十万円程度であれば大したリスクではないと強がるアンチもいるが、他人に絡んでいくことについて、それまでノーコスト、ノーリスクだったものが、1回の投稿でたった数万円でも支払わされる可能性が出てくると、大抵の人は以前よりは慎重になる。

そのため、**僕や僕の依頼者が法的措置を取りまくることが広まると、提訴を避けるために向こうから名乗り出て謝罪してくる件数が非常に多くなったたし、そもそも違法行為となりそうな投稿を控えてくれるようになった。**法的措置を取っている件数の何倍もの人から謝罪連絡があったし、相当な賠償金の回収もできた。

これはビジネスモデルとしても面白いかもしれない。

もちろん、脅して過剰な賠償金を獲得するという意味ではない。僕の依頼者に絡むと手当たり次第に法的措置が取られることが広まることによって、初めから絡んでくる人が減っていくのだ。実際、過去には匿名掲示板で毎日大量の投稿をされていた依頼者が、今ではスレッドすら立たなくなっている。

つまり、警備会社のセコムのような機能だ。

この家に侵入するとすぐにセコムが駆けつけますよと広めておくことで、そもそも侵入されそうになるケースが減り、何の対応をしなくても治安が守られるのと同じだ。

誹謗中傷に関しても、最初から誹謗中傷やウザ絡みをするような人がいなくなれば、弁護士など不要なのだ。

こういう話をすると、弁護士として大量の法的措置を取るのは表現の自由を萎縮させるといった批判をしてくる人がいる。何を勘違いしているのか、弁護士は依頼者の具体的利益を一番に考え、その集合体として社会正義を実現していくものに過ぎない。

**そもそも正義とは人によって異なり、幅があり、偏りもあるものだ。**

殺人犯の弁護すらしても良いのが弁護士なのであって、炎上インフルエンサーの支援をすることが許されないわけがない。

また、誹謗中傷をした側からしても、この手の案件では被害者が匿名の投稿者を特定するために要した弁護士費用等の一部を慰謝料に追加した賠償金が認められるのだから、こちらの動きを察知して早期和解に至れば、支払額が減るというメリットもある。

第12章

# 前澤友作さんの「小さな一歩」への参加

—— ひとり親支援への取り組み

弁護士12年目
［2021年、40〜41歳］
年収1億3000万円

## 前澤友作さんによるひとり親への養育費保証サービス

弁護士12年目も、まだコロナ禍の影響が強く残っており、東京を拠点とする生活にせざるを得なかった。

前年から取り組んでいた誹謗中傷に関する業務については、基本的には仕事というよりは無料受任のプロモーションや、著名人の友人のお手伝いという側面が強かったため、また別の領域の法律業務でもしてみようかと思っていた。

その矢先、ＺＯＺＯＴＯＷＮを運営している株式会社ＺＯＺＯの創業者である前澤友作《まえざわゆうさく》さんが、画期的な取り組みを始めた。

それが、ひとり親（シングルマザー、ファーザー）への養育費保証サービスだ。

日本には約１４０万のひとり親世帯があるが、そのうちわずかでも養育費を受け取っているのは25％程度しかない。

ざっくり100万のひとり親世帯が養育費を全く受け取っていないことになる。**仮に1世帯平均1・5人の子供として計算すると、150万人もの子供が養育費を受け取れていないことになる。**

前年に民事執行法が強化されたことにより、以前に比べると取りっぱぐれは少なくなりそうだったが、それでもまだまだ改善の兆しはなく、法治国家としてあってはならない事態だ。

この状態をいつまでも放置してきた政治家や、法曹の責任だ。法的に認められているはずの養育費を受け取れていないひとり親世帯が100万もあるというのに、この現実を見て見ぬ振りをしてきたのだ。

このような深刻な社会問題に対して、前澤さんがひとり親支援に名乗り出たのだ。

それが、**前澤さんが出資者となって複数の事業を立ち上げ、前澤ファンドと称していたものの一つである「株式会社小さな一歩」による養育費保証サービスだ。**

例えば、子供がいるパートナー関係（結婚した夫婦だけでなく未婚も含むため、パートナーという表現を用いる）を解消して、母親が子の親権者になったとする。

この場合、主として母親が一人で子を育て、その代わりに父親は養育費を負担する。

しかし、父親が養育費を支払わない場合には、母子家庭の生活環境は非常に不安定になってしまう。

そのため、小さな一歩が養育費の保証会社となるのだ。

養育費の保証会社とは、家賃の保証と同じように、義務者（先ほどの例では父親）が養育費を支払わなかった場合に、義務者の代わりに養育費の支払いをしてくれるのだ。

そうすると、母子家庭は安定して確実に養育費を受け取ることができるというメリットがある。

また、様々なアンケートによると、養育費が支払われない原因として、親権者が元パートナーに連絡を取りたくないという心情的な理由も非常に大きいことがわかる。それゆえ、保証会社が間に入ることで養育費に関するやり取りがスムーズに行われることが期待できる。

他方、保証サービスを利用するためには保証料の支払いが必要であり、これは受け取る養育費から控除されてしまうというデメリットがある。

とはいえ、当然ながら保証サービスの利用は強制ではなく、利用者は選択肢の一つとして保証会社を利用するかどうかを自由に決めれば良いだけだ。オプションが増えたに過ぎない。

**保証料が、養育費の受け取りを安定させるのに見合っていると思えば、利用すれば良い。**

養育費の支払いが十分にされていないひとり親の意見を集約すると、子育てが忙しい中、毎月、養育費が支払われているかどうかを確認し、支払われていない場合には元パートナーに連絡して催促するのが、むしろ大きなストレスとなっている。また、子供の日々の養育のための費用であるから、遅れてまとめて支払ってもらうのでは意味がなく、適時に確実に支払ってもらえてこそ、安定した養育が可能になるのであって、これらを解消したいというニーズは非常に大きい。

そのため、多少の保証料が控除されたとしても、不払い時に元パートナーとやり取りをせずに安定的に養育費が受け取れるメリットは極めて大きいと考えられる。

このように、**小さな一歩による養育費保証サービスは、養育費を受け取れていなかった100万のひとり親世帯に対して、選択肢の一つを提供するもの**であり、大きな社会的意義があると共に、全く改善される見込みのなかった養育費不払い問題に一石を投じるものだった。

## 養育費が子供の自尊心や自己肯定感に与える影響

養育費の重要性は、独身の僕ごときが論じることではないが、敢えて述べさせていただく。

**養育費は、ひとり親世帯にとって生活の足しになるのはもちろん、子供の自尊心や自己肯定**

**感にも大きく影響すると考えている。**

関係性が破綻したパートナー間では、別居親と子供が全く連絡を取らなくなってしまうケースは非常に多い（ただし、こういった現状は共同親権制度の開始により変わっていくことが期待されている）。

もちろん、様々な心情もあるし、同居期間中にDVやネグレクト等が行われていた可能性もあるため、一律に論じることはできないが、子供にとってはお父さんもお母さんも同じ親だ。

子供が小さい時は理解できないかもしれないし、同居親からは他方の親について悪く聞かされることもあるかもしれない。

それでも子供が大人になればいつか、自分の血筋、出生について考える日が来るだろう。

その時、**月に1000円でもいいから毎月養育費が支払われてきたという記録が残っていれば、それがそのまま離れてしまった片方の親が自分のことを月に一度は思い出してくれていた証しとなる。**

これはもしかすると子供の自尊心や自己肯定感に大きく貢献するかもしれない。

だから僕は、多少手間がかかり、不快な思いをするとしても、あるいは仮に今はお金がそこまで必要でなくても、将来の子供の自尊心のために、別れた直後から親権者が養育費を請求すべきであり、義務者側は支払うべきだと思う。

ちなみに僕は、両親との関係が必ずしも良好ではなく、ほとんど連絡は取っていない。ただ、毎年、僕と兄弟には非課税枠の範囲で生前贈与がされていた。それがここ数年連絡が途絶えていることから支払われなくなった。

養育費という意味ではないし、僕にはその程度のお金は必要ではないが、それでもいよいよ隔たりが大きくなったと感じた。

このように**養育費を支払うことは、親が子供を思っていることをわかりやすく示す一つのツールとして重要だと考えている。**

## 養育費保証サービスに対する根拠のない批判

一方、養育費保証サービスに対して、Ｔｗｉｔｔｅｒでご意見番を気取る高橋雄一郎ら一部の弁護士やアンチが批判を展開した。

養育費から保証料が控除されることが無駄であるとか、養育費保証サービスが非弁業務、つまり弁護士でなければ行ってはならない独占業務に該当するといった批判だ。

しかし、繰り返すが、これまで弁護士達に任せてきた結果が100万世帯もの養育費の未払い状態の放置だ。弁護士達がこれまでと同じやり方をマイナーチェンジするだけでは到底解決できない深刻な事態であることの自覚が全くないのであろうか。今更、自分達に任せろと言える立場ではない。

まるで養育費を一切受け取っていないひとり親世帯に対して、自分達は助けないが、ほかの人にも助けさせない、困ったまま我慢していてくれ、いつか助けるかもしれないと言っているに等しい。

このような批判を展開する人達は、日頃からネガティブな発想で他人にウザ絡みしている人ばかりであり、自分達は具体的に何かをなすわけではないまま、批判だけは一丁前に繰り広げ、かつ、その批判が的外れであっても何の責任も取らない。

しかし、**僕は、弁護士達の既得権益など無視して、あれだけの影響力、経済力、情熱を持った前澤さんが未曽有の社会問題に取り組んでくれていることに対して、弁護士業界からも後押しすべきだと考えた。**

もちろん、違法行為や消費者被害があってはならないが、一円たりとも養育費を受け取っていないひとり親世帯からすれば、これ以上悪くなりようがない最悪な状態なわけだ。

仮に養育費保証サービスのサービス設計において問題点があれば、それに向き合い、改善していけば良いだけであって、抽象的なリスクや問題点を煽《あお》って、最初から全否定したところで、一人の子供も救われない。

実際、小さな一歩の養育費保証サービスは、丁寧に検討して、何度も改善を重ねた結果、最終的には何ら問題のないサービス設計となっていた。

僕のアンチが何の合理的な根拠もない思い込みで、僕に対して懲戒請求をしてきたが、東京弁護士会からも問題ないという意見で却下されている。

**長く続く社会問題を解決するには既存にはないサービスを生み出していく必要がある。**そして、新しいサービスを提供する場合には、前例がない以上、様々なリスクや問題点があるのは当然だ。そこから、いかにリスクを減らし、社会的生産性を生み出していくかを考えていくのが専門家の仕事であり、生のビジネスだ。

抽象的な危険性を闇雲に述べて非生産的に批判するだけでは、実社会では全く使い物にならない。

そして僕は、前例のないそのような領域にこそ遣り甲斐を感じるのだ。

むしろ、一見難しいように見える状況に対して、何とかうまくいく方法を探すゲームをしているかのように楽しんで取り組みたいと、いつも考えている。

# 養育費保証サービスの協力弁護士となる

養育費について、もう少し説明をしておく必要がある。

パートナー間で子供を産んだ後に別れてしまった場合、現行法では、一方が親権を取得し、他方は親権者ではなくなるが、養育費を支払う抽象的な義務を負う。

抽象的な義務と言ったのは、具体的な金額等の条件に合意するまでは、基本的に具体的な養育費支払い義務は発生しないからだ。

そのため、別れたパートナー間でしばらく連絡を取っておらず、子供がある程度大きくなったタイミングで遡って養育費を請求しようと思っても、それはできないことが多い。養育費を実際に請求できるのは具体的な請求行為や養育費の取り決めが成立した以降だからだ（ただし、一部法改正が進んでいる）。

そして、ひとり親世帯のうち、養育費の取り決めが存在する世帯は3分の1しかなく、残りの3分の2は養育費の取り決めさえなく別れている。

これには法制度の不備もある。

他国ではパートナー関係の解消時に養育費を定めなければいけない国もあるが、日本では親権者を決めるだけで離婚できてしまう。

しかも、これまで共同親権ではなかったため、**一度、関係が解消されてしまうと、本来はパートナー関係を解消しただけなのに、非親権者は親の自覚がなくなってしまい、あたかも親子関係まで解消したかのように非親権者と子の関係が断絶してしまうことが非常に多い。**

養育費保証サービスの点から言えば、養育費を保証するからには保証の対象となる養育費請求権が具体的に発生している必要がある。そのため、養育費の取り決めがされている3分の1のケースはサービスの対象となるが、残りの3分の2については、まずは養育費の取り決めをしてもらわなければならない。

養育費の取り決めについては、元パートナー間の話し合いで成立することもあるが、多くのケースでは今更話し合いができず、調停等の司法手続を利用する必要がある。

こうなってくると、とてもじゃないが子育てで忙しいひとり親が自分で解決することはできない。

そのため、弁護士が代理人として、元パートナーとの交渉や調停や裁判等の業務を行う必要がある。

そこで、小さな一歩はいくつかの法律事務所にこのような代理業務の協力をしてもらっていたが（紹介料等は一切発生していない）、僕は前澤さんと従前から一定の関係性があったことから、この協力先として参加させてもらうことにした。

そして、**2021年2月、それまでの事務所名「福永法律事務所」を「ひとり親支援法律事務所」に改称し、ひとり親の養育費請求を主として扱う事務所として出発することにした。**

このような名称にしたのは、株式会社福永不動産と同じく、名前はシンプルでわかりやすく、少しダサいくらいの方がユーザーは気楽に利用できると思ったからだ。

## ひとり親支援業務を開始

当時、小さな一歩は大反響で、何万人ものひとり親から申し込みや相談が殺到していた。

対応が追いつかずに、ユーザーの中には対応を待たせてしまうこともあり、新規の申し込みを停止せざるを得ない状況になることもあったようだ。

そのため、**僕も赤字覚悟で、突貫で事務所スペースを借り、事務員を数十名単位で揃え、多数の案件の受け入れ態勢を整えた。ひとり親の意見を取り入れやすいように、事務員にもひとり親が一定数含まれるように採用した。**中にはほとんど社会人経験のない人も含まれていた。

おこがましくも、ひとり親支援とは、外部だけでなく内部においても、ひとり親を立派なビジネスパーソンとして輩出させていくことだと考えていたからだ。

一方、法律事務所であってもベンチャー企業と同じで、新しく不安定な事業モデルに挑戦する以上、いつ破綻するかわからないので、従業員にはそのような事情は十分に伝えた上で集まってもらった。また、ベンチャー企業のように僕が途中で組織から離れ、ほかの弁護士が代表となっていくような選択肢もあり得る形で組織を作っていった。

**僕は長い間、一人もしくは本当に信頼できる数人とだけ仕事をしてきたから、こうやって多くの人数を抱えて一から組織作りをするのは初めてだった。**

最初の1年は、僕もそれまでの自由な生活をやめて、週5、6日はフルタイムに事務所で業務をしていた。毎朝10時前後には出所し、遅いと深夜24時以降も仕事をした。それが楽しかったからだ。

他方、従業員には遣り甲斐を大切に業務を伸び伸びとして欲しかったので、管理を最低限にして、出勤状況も比較的自由にし、ペナルティや数値目標もほぼなく、髪型や服装も完全に自由なアットホームな緩い環境としていた。

相当数いた社会人経験の少ないひとり親の事務員にいきなり厳しい管理をしても機能するとは思えなかったからだ。

また、年の離れた従業員と少しずつ親交を深めるために、希望者には僕の自腹で日替わりランチ会をしたり、毎週のように差し入れをしたり、定期的にホームパーティーをしたりする等して、仕事の楽しさを知ってもらえるようにコミュニケーションを取っていった。

僕が苦手なコミュニケーションを補ってもらうために、相方のカズさんに事務局長を担ってもらった。そして、僕と従業員との壁をなくすために、カズさんには極力みんなの前で僕を小馬鹿にして弄って欲しいとお願いした。

一方、**僕と従業員とは立場も環境も異なるので当然だが、僕がこれまで一人で熱狂してきた業務態度と比べると、何が何でも自分でやり切ってやるという覚悟を持ってくれる人は少なく、もどかしい思いをすることもあった。**

例えば、業務時間中に外部の友達とＬＩＮＥし続けていたり、休憩時間でもないのに化粧直しにトイレに籠もったり、上司に報告することもなくいきなり帰ってしまったりする人さえ出てきてしまっていた。

しかも、それを注意するために上司から呼び出してもらうと、泣き出してしまったり陰口を叩かれてしまったりと指導もままならないありさまだった。

それでも**少しずつ成長していく姿に触れて、事務所にとっても、従業員個人にとっても、みんなで仕事を共有する中で、仕事における成長や楽しみを感じ取ってもらえたらいいなと思い続けていた。**

しかし、その後、組織の完成度が低い中、従業員の自主性や遣り甲斐に委ねる組織マネジメントこそ、半端で甘い考えだったと思わされることになるのだった。

# 第13章

# 組織作りで味わった挫折と懺悔《ざんげ》

## ――ひとり親支援の終了と再び趣味への没頭

弁護士13年目
［2022年、41〜42歳］
年収1億6700万円

# やる気がない人のために組織が潰れることがあってはならない

ひとり親支援を開始してから1年が経った頃、規模拡大のために事務所を移転させることにした。日々サービス設計や業務内容が変わり、また人員が急増していたことにより、物理的にも手狭で非効率となっていたのでそれを改善するためだ。

僕や一部の幹部の従業員は、**突貫で作ってきた組織を、また一から再構築していこうとワクワクしていた**タイミングでもあった。

しかし、移転初日、いざ移転先の事務所に向かうと、従業員達はそれぞれ好き勝手に仲の良い友達と隣同士に座るように座席の配置をしていた。座席案は作成されていたのだが、誰もそれを確認さえしていなかった。

少しでも業務効率を高める意識があれば、そのような行動にはならないだろうと思い、酷くショックを受けた。

1年間、組織作りをしてきたが、自主性に任せて厳しさのない環境だったからか、まるで学校のような雰囲気になってしまっていることを再認識した。

各自がビジネスパーソンとして自分で考えて組織のために最善を尽くしてもらおうと思っていたが、全く甘い見立てだった。

僕と従業員では立場も労働条件も経験も異なる。**僕のように一定の資産があり、独身で楽しみながら仕事をしているのであれば、全力で依頼者のことや社会的意義や自己成長を考えていられる。**しかし、中には子供もいて生活がかかっている人にとっては、目の前の作業で手一杯になり、卒なく無難に最低限の業務だけこなすような人がいても責められるものではない。

そこで従業員に対して、現状は赤字が続いていることや、今の組織のままでは永続性がないといった話もしつつ、従業員それぞれの業務内容に具体的な数値目標を作成し、伸び伸びと働いてもらう環境から管理される環境に少し方針を変えていった。

それからまた数か月が経ち、少しずつ締まった職場環境となってきていた頃、組織内部に軋《あつ》轢《れき》が生じるようになっていた。

**業務態度を変えてやる気を出してみんなを牽引してくれる従業員と、置いていかれそうになって陰口を叩いて足を引っ張る人に分断されてきてしまったのだ。**

そのため、再度、席替えをすることにし、僕の周りに踏ん張り切れない従業員を配置した席替え案を提案した。席替えが組織作りのターニングポイントになっている時点で、まるで学校そのものなのだが、この時点ではともかく仕方がなかった。

そして、最終的には従業員間で考えてみてくださいとお願いした。

するとなんと、僕の隣には何か月も休業中の従業員の席が配置された最終案が返ってきた。つまり、学校にたとえると、先生の前では勉強する振りをするが、実際には先生の近くでプレッシャーを感じたくないから、不登校の生徒の席を一番前に配置するようなものだ。

あまりに絶望的で、もはやこの組織を従業員の自主性を基本にして維持するのは難しいと判断し、今後はさらにトップダウンの管理体制で進めていき、それについてきてくれる人のみが残る組織にしていくほかないと思った。

すでに累積赤字は膨らんでおり、このままだとどうせ撤退するかリストラしなければならない。お金目的で業務をしていたわけではないが、赤字が続くようであれば、さすがに持続可能性がない。それぞれ生活が懸かったビジネスの世界で、**やる気があって実際に踏ん張っている人もいる中、そうでない人のために組織が潰れることがあってはならない。**

そして、さらに管理体制と数値目標を具体化して全体に周知したところ、初日からついていけないと不安を口にする人が何人も現れた。法律事務所といっても、赤字を出し続けているベンチャーであるし、事務所設立時から厳しい状況であることは誰しもわかっている。

覚悟を決めて業務に邁進し、今度こそトライ&エラーをしながら組織としても所属メンバーとしても強くなっていくしかないが、やる前から不安を口にして陰口を叩き、ほかの人のやる気を削《そ》ぐようであれば、もっと安定した別の組織で働いた方が本人のためにもなると思った。

**僕が中途半端に緩い組織マネジメントをしてしまい、それを途中から管理体制に急旋回させたせいで、緩い労働環境を求め続ける人と、自ら奮い立つ人との間で分断が深まり、それが日々拡大していってしまい、修正が利かなくなってしまったのだ。**

## 組織作りに挫折し、ひとり親支援法律事務所を解散

僕自身は、多いと月に100件以上の調停や審判期日をこなし、その合間に依頼者からもらった資料を読み込んだり、依頼者への報告連絡をしたり、提出する書面を作成したりといった業務でフル稼働していた。

怒濤《どとう》の業務をこなす中、従業員へ求める業務量や業務品質も高まっていった結果、1、2か

月で従業員の半数程度が淘汰《とうた》されて自主退職してしまった。**僕がギアを切り替えたことにより、多くの従業員が振り落とされてしまったのだ。**

例えば、僕は、その日のうちに届いた従業員やクライアントからのメールは深夜にかけてでも全て翌朝までに返信していた。従業員からすると、毎朝職場に来ると、必ず僕から深夜の時間帯に送られてきたメールが届いていれば、それだけでプレッシャーを感じたと思う。発生した課題もその日のうちに完成させ、従業員の作業が遅いと、僕の方で従業員の分まで処理してしまい、あたかもその従業員がいなくても大丈夫といわんばかりに一人でどんどん業務を片付けてしまっていた。

事務所全体の業務量が増え続ける中、従業員数が半数以下になったが、業務が停滞することはなかった。経営サイドの都合で言えば人員の適正化、効率化により、筋肉質な組織体に絞られたと言えるのだが、従業員には辛《つら》い思いをさせてしまった。

赤字を出し続けるわけにはいかず、また、依頼者であるひとり親支援を優先しなければならなかったのだが、みんなを巻き込んでおきながら、十分な組織マネジメントができず、このような事態となってしまった。全くもって僕の能力不足や気遣いの至らなさのせいにほかならない。僕は一人で業務をすることに長《た》けているが、自分とは立場の異なる人と一緒に共同作業をすることは全く不得手なままであった。

多くの従業員が退職していく中で、当然不満も溜まり、中には僕に対する敵対心が強く芽生えてしまった退職者もいた。最後は僕に対して、パワハラ、セクハラといった声までも上がっていた。パワハラといっても怒鳴ったり暴力を振るったりしたわけではないし、セクハラといってもホテルに連れ込んだということでは決してないが、職場の雰囲気が一変する中、僕の日々の言動がそう感じさせてしまったことを十分自覚し、反省している。

不徳の致すところだと言ったところで後の祭りだ。**僕のせいで事業は継続できたが、組織は破壊されてしまった。**

そして、退職していく従業員からは、僕がそのまま法律事務所の代表を続けることに納得がいかないという意見が出ていた。退職していった従業員も、残った従業員も、共に傷つけてしまったからだ。

一方、収益として事務所は黒字化を果たし、ようやく安定軌道に乗っていた。

僕が2021年2月にひとり親支援法律事務所を立ち上げてから2022年8月までの1年半で1000件以上の法的措置を行い、数億円単位で養育費をひとり親世帯に渡すことができた。

短い間であったが、ある程度やれることはやったという思いもあった。

**僕は、いわゆるゼロイチ局面において、少人数で何もないところからがむしゃらに形を作り**

**上げることは得意だが、安定成長局面において、組織を作っていくことは苦手だ。そうであれば、僕はこの事業から退き、今後はもっと優秀な人達にお願いすべきだと思った。**

そして、この頃、僕以外に小さな一歩に協力していたほかの弁護士達もどんどん活躍していた。そして、小さな一歩は保証サービスを介さずに、完全無償でユーザーを法律事務所に案内し、その弁護士が直接ひとり親を救っていくという方針転換もしていた。これは小さな一歩としては、全く利益にならないが、単に広告塔となって、ひとり親の依頼者を集めるだけの業務をするというわけだ。

そこで僕は、継続案件の依頼者や従業員からの同意を取り、もっと優秀なほかの弁護士に事業自体を引き継ぎ、ひとり親支援法律事務所は解散させていただくことにした。

**わずか1年半の間に、組織作りから、事業を形にして、黒字化させ、最後は解散と、ジェットコースターのようであったが、ある程度まとまった金額の養育費をひとり親世帯に届けることができたことだけは本当に良かったと思う。**

僕に依頼していただいた依頼者の方々、一緒に事業を進めてくれた従業員の方々、案件を引き継いでくれた先生方、僕をチームに交ぜてくれた前澤さん、本当にありがとうございました。

最後に、**当時の従業員には本当に申し訳なかったと思っている。**僕は僕で未熟な中、大量の依頼者を抱えて必死だった。またいつか時間が経って許しが得られ、一緒に時間を共有した人達と再会できたら良いなと願っている。

## 仕事やプライベートの区別なく、全身全霊で自分の興味や楽しみを追求する

ひとり親支援法律事務所を解散させた翌月の9月上旬から、海外渡航者の帰国時のコロナ水際対策について、ワクチン接種者はPCR検査が不要になった。

これを機に僕は再び世界中を飛び回るようになった。

今後はしばらく日本に定住することもないだろうから、自宅も解約し、東京にいる間もホテル暮らしをするようにした。

2024年8月現在もそのような生活を送っているが、割合で言うと、**年の7割が海外、2割が国内・地方、1割が東京くらいのペースで過ごしている。**

特に世界中のレストラン巡りをし続けている。レストランの格付けはいろいろあり、ミシュ

ランは先進国を中心に扱っているが、ベストレストランという格付けサイトは南米やアフリカ、中東といった後進国からも秀でたレストランをランクインさせており、僕はこれを最も参考にしている。

ミシュランは比較的クラシカルな王道料理が掲載される傾向にあるが、ベストレストランはより創造的なフュージョン料理が中心なのも、僕の好みに合っており、アジアや欧米だけでなく、中東や中南米のレストランまで網羅的に巡っている。

**レストラン巡りと言えば、ただの道楽と思われるだろうが、これだけ世界の隅々のレストランまで行こうと思えば、お金と時間だけでなく、強い情熱、行動力、フットワークがなければ成し得ない。**

仕事を通じて培った熱中力やストイックさは、趣味を含めて人生全般を没頭させるのに活きてくるのだ。

そして、仕事もプライベートも関係なく、全身全霊で自分の興味、楽しみを追求する姿勢こそが、「成幸」を最大化させてくれるのだ。

# 新しい趣味を極める楽しさ

2022年前半は麻雀《マージャン》にもはまっていた。

麻雀は、小学生の時から家族麻雀で始めたが、ルールを理解して遊べるようになったのは高校生の頃で、それ以降、定期的に遊ぶようになった。

社会人になってからは全くしなくなっていたが、Mリーグの人気と共に周りでも麻雀をする人が増えてきたし、当時長く付き合っていた彼女も麻雀が好きだった。そのため、僕も久しぶりに麻雀を再開し、さらにどうせならそれまでのお遊びとは違って真面目に勉強してみようと思った。

そこで**プロ雀士《ジャンし》を目指すことにした。**日本では大きく五つのプロ団体があり、それぞれ所属するためにはプロテストに合格しなければならない。

その中で最高位戦日本プロ麻雀協会という団体のプロテストを受けることにした。

半年から1年かけて、過去問を解き、実際に麻雀も多数回行い、何とか研修生という形で合格することができた。

研修生となって最初のリーグ戦では、30人程度の選手の中で、2位の成績を収めることができた。

**大人になってから新しい趣味を極めるのは非常に楽しく、遊びであっても全力で取り組んでいる。**

ただ、コロナ禍が明けると共に、僕は海外に行くようになってしまい、それ以降は活動ができなくなり、今は退会扱いとなってしまった。

第14章

# 挑戦し続けることで生まれる行動力

―― 再びヒマラヤ登山に挑戦

弁護士14年目
［2023年、42～43歳］
年収3600万円

# 冒険家グランドスラムの達成に挑戦

冒険家グランドスラムの最後のスタンプラリーとなる北極点ラストディグリーについて、以前お世話になったガイドから、コロナ禍で2年間受け入れ停止していたが、今年は正式に開催するとの連絡が来た。

実は3年前に、北極点ラストディグリーの拠点の町となる、ノルウェーの北緯78度にある世界最北端の町ロングイエールビーンまで行ったことがあったのだが、この時は現地の政情の問題で急遽《きゅうきょ》中止になり、その後コロナ禍で停止していたのが再開したのだ。

ラストディグリーの費用は3年前に支払い済みである。当時は500万円くらいだったのが、物価上昇や為替の影響もあって700万円くらいに値上がりしていた。

とはいえ、当時キャンセルになった際に返金を求めずにデポジットとして現地会社に外貨ベースで預けっぱなしにしていたものがそのまま使えた。

北極点で使う装備品は20kg近くあり、これを北極点の基地に郵送する必要があるが、日本の郵便局では受け付け不可だった。そのため、ヨーロッパに行くフライトで装備品を運び、ヨーロッパ内から北極に装備品を郵送し、準備万端となった。

しかし、ヨーロッパ入りした1週間後に、またしても政治的な理由で開催不可という連絡が来てしまった。

これだけ準備し、北極点の拠点となる街までの往復フライトや現地でのホテルも手配済みだったため、装備品の郵送料も含めると30万円ほどの損害となった。

結局、今のところ冒険家グランドスラムの達成は2025年以降に持ち越しとなっている。

## 世界中をバックパッカーとして放浪する

北極点ラストディグリーに参加できなくなったが、すでにヨーロッパまで来た以上、**終わったことを言っても仕方がなく、すぐさま予定がなくなった期間をどう過ごそうか考え、10年ぶ**

**りに西アフリカに行くことにした。**

ただ、西アフリカの国々に入国するには事前に黄熱《おうねつ》の予防接種が必須だ。今は黄熱の予防接種は一度受ければ一生有効だが、以前は有効期限が10年と考えられていたため、僕は過去に受けた予防接種証明書を捨ててしまっており、再取得が必要だった。

僕が北極点ラストディグリーの中止連絡を受けたのがパリだったので、すぐさまパリ市内で黄熱の予防接種が受けられる病院を探して予約し、中止連絡の3時間後には予防接種を受け終えていたぐらい、すぐさま行動を切り替えていた。

そして、翌日からモロッコのカサブランカに入り、その後、西サハラ、モーリタニア、セネガル、カーボベルデ、ギニアビサウ、ギニア、シエラレオネ、リベリアと、陸路を中心に旅して回り、さらにマダガスカルやセーシェルといった東南アフリカの離島も巡っていった。

その後は一度帰国したが、次には北中南米のレストランやカリブ海の島国を巡ったり、オセアニアの島国を巡ったりした。

２０２３年は、２００本近くフライトしており、この年だけで80か国は周遊している。まさに地球を飛び回っている。

途上国を中心としたバックパッカーは、冒険と同じく、人間力が試される場面が非常に多く、これまで手にしてきたものを全てリセットした状態で過ごせるのが醍醐味だ。

**社会からの評価のような他者基準の価値観は一切関係ない環境なので、純粋に自分が何を楽しく感じられるかを一層意識できるのも楽しい。**

## 無理やり行動し続けていると、やる気が出てきて、フットワークがどんどん軽くなっていく

この年から再び登山に挑戦してみようかと思うようになった。

実は、「CanCam」のトップモデルだった女性と約3年交際し、将来的なことも考えていたものの破局してしまい、それから1年が経つタイミングだった。**高所登山にはどうしても危険が伴うため、大切な人がいる状態では優先度の低い挑戦にしていた**のだが、別れて1年も経ったことから、もう復縁することはないだろうなと思い、再びヒマラヤに挑むことにした。

そして、8月末頃、ヨーロッパのレストラン巡りをしていた際、何となく久しぶりにエベレ

ストでお世話になったガイドの近藤さんに連絡をした。

すると、しばらくして返信があったが、ちょうど5日後からヒマラヤのマナスル（世界8位、8163m）登山のために、カトマンズに入る予定だと言われた。

僕は、その時パリのレストランにいたのだが、冗談半分で今からチームに参加できるかと聞いてみた。5日後なら、1日で日本に帰り、日本で3日で準備を整え、1日でカトマンズに移動すればちょうど間に合うからだ。

近藤さんは、僕の性格を知っているため、笑いながら、めちゃくちゃ急だけど、本当に来るなら何とか受け入れ態勢を整えると言ってくれた。

僕は即答でOKと伝えて、すぐに帰国便を手配して日本に帰った。登山自体が4年ぶりだったが、装備品を整え、カトマンズに向かった。

こんなに急に8000m峰の登山に参加するなんて無謀だと思う人がいるかもしれない。

しかし、登山といってもマナスルだと30日程度の期間を要し、一番大変な登頂日までに体調を整え、体を作っていけば良いだけだ。

急だというのはメンタルだけの問題で、物理的には急でも何でもない。

しかも、僕は参加して2日目にはトレッキングで捻挫をしてしまったが、これにも一切動揺せず、登頂日までに回復させれば良いだけだと思い、全く悲観的にならなかった。

実際、その後は何の問題もなく、無事に登頂することができた。

**これまでいろんな挑戦をし続けてきたが、挑戦をすればするほど、心理的なハードルは低くなるし、フットワークが軽くなっていく。**結果、ヒマラヤの高所登山でさえ、その数日前にいきなり挑戦することになっても何の躊躇《ちゅうちょ》も感じない。

最初からやる気があって、フットワークが軽いから行動できるのではない。無理やり行動し続けていると、やる気が出てきて、フットワークがどんどん軽くなっていくのだ。

ちなみに、この時のメンバーは凄く良い人達ばかりで、登録者数30万人以上いる登山YouTuberのかほさんや、大阪で家財整理お片付け事業を営んでいるあき社長や、睦月《むつき》さん（むちち）らとはこれ以降も凄く仲良くさせてもらっている。特に、かほさんとは、登山仲間として半年ほど、定期的に彼女の家を利用させてもらうようになり、いろんなことを学ばさせてもらった。

そして、これを機に、世界にある8000m峰の14座を少しずつ登ってみようかと思うようになった。

第15章

# 面白そうなことには片っ端から挑戦してみよう

――再び世界最高峰の頂と、選挙に挑戦

弁護士15年目
［2024年、43～44歳］

## 2回目のエベレスト（8848m）と世界4位のローツェ（8516m）の連続登頂

2024年はレストラン巡り以外にこれといって熱中する予定を決めていなかったため、前年に続いて高所登山をしてみようと思った。

そこで、6年ぶり2回目のエベレスト登山をすることにした。

マナスルで仲良くなった、かほさんや、あき社長も参加予定で、特に、かほさんとはヒマラヤの8000m峰の14座のうち何座かを一緒に登ろうと計画していて、その一環だったからだ（ただし、かほさんはその後、体調不良で不参加）。

ただ、すでにエベレストには登頂しており、**全く同じことをしても面白さがない**ので、ローツェという世界4位の標高の山にも連続で登ることにした。

エベレストとローツェは頂上が直線距離で3㎞くらいしか離れておらず、ノーマルルートだと標高7700mくらいまで行程が重なっているため、この2座は連続登頂が可能だ。

実際の登山行程としては、まずは前回同様、1か月近くかけて高度順応をした上、標高7700mのローツェのC4まで登った。そして、5月20日深夜1時頃に起きて2時半にローツェの山頂に向けてアタックを開始し、午前中には無事に登頂した上、ローツェのC4まで下山。少し休憩してそのまま標高7900mにあるエベレストのC4まで移動。この時点で16時くらいになっていたが、用意してあったはずのテントが別の登山者に不法占拠されていた。そのため、すぐに休息や食事等をしたかったが、こんな標高の場所で不法占拠者と言い合いになってテントから追い出すというトラブルが発生した。

エベレストへのアタック開始は20時を予定していたため、元から時間はあまりなかったが、不法占拠者とのやり取りのせいでほぼ休養は取れず、簡単な飲食だけして徹夜でエベレスト山頂を目指すことになった。

これまでもお話ししたが、**あれさえなければと言ったところで現状は変わらない。そうであれば、所与の条件を前提に結果を出してやればいいんだろ、と思うしかない。**

僕は一層気合いを入れ直して、エベレストの頂上を目指し、無事にローツェとの連続登頂を果たすことができた。

5月20日2時半にローツェアタックを開始してから、エベレスト登頂後にエベレストのC4

まで降りてきた翌21日13時まで、まともな休みはほぼなく動き続けることになったが、根性と気合いで成し遂げることができた。

何度も言うが、人の大抵の能力差など、根性と気合いで凌駕することができると思っている。

また、2回目のエベレスト登頂は、ローツェとの連続登頂であったにもかかわらず、控え目に言っても楽勝だった。

前回のエベレスト登頂について、覚悟の範囲内であればどんな過酷な状況でも乗り越えられるという話をしたが、今回は**覚悟だけでなく、過去の経験の範囲内だったため、一層易々《やすやす》と乗り越えることができた。**

経験の幅を広げ、深めることの大切さを改めて実感した。

ただ、やはり危険な挑戦であったことに変わりはなく、頂上の直前にあるヒラリー・ステップでは、雪に埋まった遺体が近距離に放置されていたし、僕が通過した30分後に崖が崩れて日本人登山家として著名な倉岡裕之《くらおかひろゆき》さんが宙づりになり、近くにいた外国人登山家二人がそのまま滑落して死亡するという事故もあった。

## 衆議院議員の東京都第15区補欠選挙に立候補

エベレストに向かう直前に、衆議院議員の東京都第15区（江東区《こうとう》）の補欠選挙が始まることとなっていたが、数年来、お世話になっているNHK党の立花党首から出馬の打診を受けた。それも告示日の4日前にLINEでポンと（笑）。

正直、これまで政治に興味を持ったこともなければ、ニュースもほぼ見たことがない。

しかも、選挙期間中はエベレスト登山中で、まともに選挙活動ができない。

しかし、立花さんは、立候補届の際に若干の協力と告示日に第一声（選挙期間が開始されて正式に投票のお願いをする最初の一声）だけしてくれれば、後は勝手にやっておきますと言っている（笑）。

ただ、逆に出馬するデメリットも思い当たらない。**一般的には注目を浴びたり、批判や嘲笑の対象になったりすることがリスクなのかもしれないが、元々僕にとっては他人からどう思わ**

**れるかはノーカウントだ。**

それに、僕は立花さんのことをリスペクトしていて、彼のようにズバ抜けて頭が良くて圧倒的な行動力もあるのに、緻密な計算ができて勉強家の人はそうそういないと思っている。

立花さんが実際に日本を良くしてくれるかはわからないが、立花さんみたいな人が100人、200人出てくるような社会になっていけば、その中の誰かが本当に日本を一歩前に進めてくれると期待している。

だから、立花さんからのお願いであれば、その一助になりたいと思うし、乗らないわけにはいかない。

そもそも**僕は面白そうなことにはとりあえず片足を突っ込んでみるという選択をし続けてきたのであって**、出馬であろうと断る理由はなかった。

そこで、興味本位にXで出馬すべきかのアンケートを取ったところ、僕のフォロワーが中心の回答とは推察されるが、1万人以上の回答のうち、4分の3くらいが出馬すべきと回答してくれたこともあり、出馬させていただくことにした。

ただ、元々エベレストに行く予定だったため、出馬表明した翌々日の囲み取材と、告示日の第一声だけ対応して、後はエベレストからYouTube配信をするのが選挙活動の中心となった。

元から厳しい戦いが予想されたが、やはり候補者9人中8位という結果だった。

立候補から惨敗にかけて、恥をかいたと言ってくる人はいるだろうけど、**自分の感情は自分の感性で決まるものだ。他人がどう思おうと、僕自身にネガティブな感情は何もない。**


それより、初めての経験で楽しく過ごさせてもらうことができて良かった。

ちなみに、一応関心のある政策としては、江東区はタワーマンションが密集していて子育て世帯が多いことから、子育て支援策を掲げた。例えば、僕が従前から取り組んでいたひとり親の養育費不払い問題を改善するために区で養育費の保証や立て替えサービスを実施したり、シッターの補助等をしたりしたいと思っていた。また、羽田空港から20分という立地を生かして、観光客を呼び込みたい。江東区は川沿いの景色の綺麗な場所が点在しており、世界の有名レストランの支店を10店でも誘致できれば、一瞬にして世界有数のレストラン街を名乗ることが可能になるなんてことをジャストアイデアで考えていた。

# 東京都知事選挙にも立候補

僕は2回目のエベレスト登頂後に、都知事選にも立候補した。

東京都第15区の補欠選挙に出た際に、立花さんに何となく言われていたが、5月末に改めて「僕、都知事選出るんですかね？」と他人事のように立花さんにLINEしてみたら、「もちろんそのつもりなんですが、、、(笑)」と返答があり、立候補が決まった。

告示日は6月20日で、投開票日は7月7日だが、すでに7月3日にはスペインのレストランを予約していたため、投開票日にはまた海外にいることになってしまうが、特に問題はない。

告示日は、その前日に大阪にいて、ガーシーさんも大阪にいたため、合流して朝まで北新地《きたしんち》を遊び歩いて、始発で大阪を出て都庁に直行して正式な立候補届け出をして第一声をこなすというドタバタだったが、これも楽しかった。

今回の都知事選は、ＮＨＫ党が立候補者のポスター掲示板をジャックして批判の的になったこともあり、当選する見込みが全くないのに立候補するなどけしからんと言う人は多いが、**僕自身が誰に迷惑をかけるわけでもなく、認められている被選挙権を行使しつつ、個人的にも楽しめる**ということで、避ける理由もなかったのだ。

それに、政治活動や表現行為というのは当選を前提とした場合だけでなく、選挙期間中の発信だけでも、有権者が政治の在り方を考えるための参考にしてくれることもある。

ただ、悪目立ちしてしまうことも確かで、この時、半年ほど付き合っていた女性とは、NHK党から都知事選に立候補するなどあり得ないということで、破局してしまったが、こういう縁だったのだろう。

僕からすると、世間体のために自分がしたいことを控えることの方がよほど悪だ。

とはいえ、一体僕にはいつになったら生涯のパートナーが見つかるのであろうか。

**いろんな挑戦をしたいと思って生きてきたが、今更ながら、今後一番してみたいのは家庭を築くことかもしれない。**

我こそはと言う人がいれば、自薦・他薦、お待ちしております。

さておき、都知事選は世の中の注目度も高く、泡沫《ほうまつ》候補ながら当事者として関われて楽しかったし、政見放送も初めて経験できて面白かった。

「M－1グランプリ」に出場した時、優勝できるなんて1ミリも考えていなくても、漫才について知り、考え、リスペクトするきっかけになったように、今回も自分が立候補してみることで、結果は候補者の中では半分よりちょい上くらいであったが、政治、政治家についてこれまで以上に考えるきっかけになり、勉強にもなって良かったと思う。

## 世界中のミシュラン三つ星145店を全制覇

ミシュランの三つ星は2024年8月時点で世界に145店ある。格付けは毎月のように入れ替わるため、いつの間にか行っていない新しい店が増えたりするのだが、2024年7、8月にヨーロッパで1か月半かけてレストラン巡りし、最近三つ星に昇格したばかりの店も訪問したことにより、**瞬間的に全ての三つ星店を制覇した。**

決してミシュラン信者ではないので、だからどうという話ではないが、一つの目安として、それぐらい幅広く世界の隅々のレストランまで行き尽くしてきたということだ。

**これまでいろんな挑戦をしてきたが、ある意味、世界中のレストラン巡りは一番ハードルが**

**高かったかもしれない。**

仕事ではなく、義務的にやるものでもない以上、常に自分の自由な意志とモチベーション、エネルギーが揃っていないと動けないし、楽しめない。期間も15年以上要した。よく、僕がレストラン巡りをしているという話を聞いて羨ましがる人がいるが、そう簡単に真似できないくらいハードで、圧倒的な熱中度がないと成し得ないと思っている。

**深く、広く物事を楽しむためには、情熱とエネルギーが絶対的に必要なのだ。**

ちなみに、このヨーロッパレストラン巡りの際、行きたいお店の予約が4日間入らなかった期間ができたので、急遽、スイスのツェルマットに移動してマッターホルン（4478m）に登頂してきた。

登山道具が何もなかったので、全て町でのレンタルと購入で対応した。急な登山ではあるが、登山にしろ、ほかのことにしろ、本番までの積み重ねで結果は決まっている。

僕は常日頃から体を鍛え続けているし、いつでもこういう挑戦ができる選択権を持ちつつ生活しているため、難なく挑戦して成果を上げることができると思っている。

# 第16章

# 日本一稼ぐ弁護士の誕生まで

――フリーターだった僕が年収6億円を達成するまで

1980～1995年
0～15歳

# 未熟児として生まれ、他人より秀でていると感じることがなかった幼少期～中学時代

僕が弁護士になってから現在に至るまでの様々な活動内容をここまでお話しさせてもらった。ここからは僕が生まれてから弁護士になるまでについてもお話ししたい。

僕は1か月近い早産で、1900g弱の未熟児として誕生した。

3人兄弟の三男で、次男は年子だが、長男とは13歳も離れている。

長男は京都大学の修士課程を卒業後、現在まで三菱《みつびし》商事で働いており、今は2回目の海外駐在で母親とインドにいる。

次男は東京大学の博士課程を卒業した後、渡米し、カリフォルニア大学バークレー校（UCバークレー）やマサチューセッツ大学で研究を続け、今はジョンズ・ホプキンズ大学という医学系では全米でもトップクラスの大学で准教授（Associate Professor）をしている。

世間的には兄二人はいわゆるエリートなのだと思うが、**僕自身は彼らの存在をプラスにもマイナスにも感じていなかった。**学校の先生や周りの大人達からは兄がいかに優秀だったかを聞かされることも多かったが、それがプレッシャーになることはなかった。自分より年上の兄と自分を比較するという発想がなかったのだと思う。

僕は未熟児だったからか、幼少期は体が細くて小さく、小学校2年生くらいまではクラスで背が一番低かった。

肌が弱く、いつも体が痒くて、親に体を擦《こす》ってもらわないと寝られなかった。

ただ、ひょろひょろの体格だったにもかかわらず、体自体は強く、あまり病気にならず、真冬だろうと一年中、短パン半袖で過ごしていた。

とはいえ、**自分の体が強いと気づくのは随分後になってからだった。**幼少期で自分を客観視する力もなく、他人よりも体が小さいというだけで、同級生よりも虚弱だと思い込んでいた。

それが性格にも表れていて、小学生の時は何の自信もなく、引っ込み思案だった。

両親は登山が好きだった。僕が大人になってからしてきた海外登山とは全くレベルが違うが、僕が3歳の時から、毎週のように休みは登山に連れていかれ、保育園の年長の頃には、2000~3000mの山には普通に登っていた。幼少期の写真を見返すと険しい岩山に小さい自分がへばりついており、まるで合成写真に見えるくらいだった。

**登山中は、自分の荷物は自分で持たなければならず、両親は絶対に手伝ってくれなかった。疲れたといっても、おんぶしてもらうことはなく、絶対に最初から最後まで一人で歩かされた。**

当然グズることもあったが、親は僕を置いて先に行ってしまい、僕は何が何でもついていかなければならなかった。

このおかげで足腰が強くなったし、自分でやり切る精神力も身についていったと思う。小学校3年生の時には富士山に登ったが、楽勝で、ほぼ走りながら登頂したぐらいだった。

小学校4年生からは、野球のリトルリーグに入った。兄が友人に誘われてリトルリーグに入ったのにつられたからだが、僕はいつも端っこで大人しくしていた。

**当時の僕は、自分が他人よりも秀でたものがあるという認識が全くなかった。**

例えば、体育の授業や運動会で同級生と一緒に走った時に、少し足に力を入れるだけで誰よりも前に行ってしまうのは、みんなが手を抜いて走っているからだと思っていた。

僕だけ出しゃばって先頭を走るのは恥ずかしいので、自分の次に速い人に合わせてゆっくり走っていた。

それでもいつも先頭集団にいたため、校内で選抜されて陸上の競技会に出させられていた。

ほかの学校の生徒も交えた大会だと、自分よりも速い人がいるので、遠慮せずに思い切り走ることができた。結果、三重県大会では5位だった。

しかし、自分より速い人がいる以上、特別自分は運動ができると思うことはなかった。

また、勉強に関しても、授業中でも、クラスのみんなが答えないのはわざとだと思っていた。どう見ても簡単な問題で、わからないはずがないのに、それでも答えないのは、出しゃばらないようにしているのだと思っていた。

**自分と他人で能力が異なるという発想が全くなく、自分ができることなのに他人がしないのは、できないのではなく、しないだけだと思っていた。**

それが中学生になると、もしかしたら自分は他人よりも秀でているところがあるのかもしれないと思うようになった。

例えば、僕は中学でも野球部に入ったのだが、中学校1年生で市内の優秀選手に選ばれた。大して練習していた認識はないし、自分は野球が下手《へた》だと思い込んでいたのが、もしかして自分はスポーツが得意なのではないかと思うようになった。

また、勉強についても、さほど勉強していなかったのだが、140人くらいの学年で、いつも10番以内には入り、通知表もほぼオール5だった。

キャラクターは依然大人しく、引っ込み思案で根暗であることに変わりはなかったが、周りからの推薦で生徒会の役員を務めたりと、いつの間にかみんなの中心にいるようになっていった。

性格は真面目で大人しく地味なままだが、運動や勉強がそこそこできたことから、周りが僕を人気者っぽく仕立て上げてくれた感じだったのだと思う。

1996〜1999年
15〜18歳

## 親からの抑圧を受けつつも、小さな成功体験から少しずつ自信を持つようになっていった高校時代

高校生にもなると、一層勉強やスポーツにおいて他人と比較されるようになり、たかが田舎の高校内でも階級のようなものが自然とできあがっていた気がする。

僕自身は特に意識することはなかったが、**いつも学内では一番目立つグループに所属し続けていたため、何となく性格も少しずつ明るく変わっていったように思う。**

休み時間や放課後になると、僕の机の周りを女子が取り囲んで話し込むみたいなことがよくあったし、休みの日にクラスの友人20人くらいが自宅に遊びに来るということも頻繁にあった。

文化祭や体育祭になると、知らない女子から一緒に写真を撮って欲しいと声をかけられたり、

校内でのミス・ミスターのコンテストで、ランクインしたりするようになった。

体育祭では、毎回クラス対抗リレーのアンカーを務めた。どうせ全員を抜いてしまうんだから、最後尾で回ってこいと思っていた。そして、実際にそうなると、自分の前を走る人達を一瞬で抜き去る。抜き去る瞬間や自分のクラスの応援団の前を走る時にバトンを上に上げてクルクル回したりと、少しずつ周りを盛り上げることが楽しいと思うようになっていった。

また、野球にどんどんのめり込んでいった。

中学を卒業するまではまともに野球の練習をしていなかったが、高校に入ってからは必死に練習するようになった。

毎朝5時に起きて、1時間くらい半身浴をして体を温めてから朝練に行く。7時半ぐらいにグラウンドに着いて野球の練習をする。その後9時くらいから授業が始まるが、授業中は寝て休息を取りつつ、早弁《はやべん》をする。昼休みは、弁当は食べ終わっているから、またグラウンドに野球の練習に行く。午後の授業は寝て休む。放課後から20時くらいまで練習をする。帰宅して夕飯を食べたら、また自宅の庭で練習をしてから深夜に寝る。ということを誰に命令されたわけでもなく3年間毎日やっていた。特に辛《つら》くもなく、自分が好きでやっていただけで、とても楽しかった。

この頃から、**誰に言われなくても、自分でやると決めたら努力を努力と思わず熱狂し、爆発**

**的に集中して取り組む習慣を身につけていったのだと思う。**

練習を積み重ねるにつれて、周りとどんどん差がついていった。僕は1年生の時からただ一人レギュラーで、先輩のチームに加わって試合に出ていた。

高校2年生の夏が終わり、先輩が引退すると、自分の同級生だけのチームになり、少し物足りなくなった。みんな頑張っている振りはしているけど、本当に努力しているのか疑問を感じることもあった。

でも**自分は自分のことをしようと練習し続けた。**

ただ、冬になり、野球の練習ができない時期になると勝手に休部していた。筋トレやジョギングをみんなで一緒にする必要性がわからなかったので、辞めたことにして、部活に行かずに自分一人でトレーニングしていた。

みんなで一緒にするより、自分でやることをやった方が良いと自然に思っていたし、そのために勝手な行動をすることに全く抵抗感や気まずいという思いがなかった。

これは親の教育の影響があるかもしれない。

**親からは、常識が良識とは限らないから、周りがやっているからといって、本当に自分にとって正しいのかを考えて行動しないといけないと常々言われていた。**

高校野球は地方ではテレビ中継される。僕の伊勢高校は21年ぶりに過去最高の県大会ベスト

4まで進出した。僕は四番バッターで、連日3安打、4安打といった好成績だったので、地方紙ながら毎日、新聞に載り、街中では知らない女子から声をかけられるようになった。

別にスター気取りしていたわけではなく、調子に乗ることもなく、モテた自慢をするつもりも毛頭ない。当時も今も性格は地味だし、派手なものが好きなわけではない。ただ、昔の写真を見返すと、いつも男女のグループで遊び、僕はその真ん中で写っている写真ばかりだ。

1学年４００人くらいの学校だったが、僕は一番友達が多かったと思う。どのクラスの誰とでも仲良くしていた。

クラスの学級委員長もしていた。思春期の年頃で、自ら立候補すると角が立つから、先生に予《あらかじ》め立候補したいことを伝え、形だけくじ引きにして、たまたま僕が決まったことにして欲しいとお願いし、そのようにしてもらった。こういう**小賢《こざか》しい考えというか、立ち回りの良さは昔から持っていた**。学級委員長だと、いろんな人と接する機会が多くなるので、友達が増えると思ったからだ。

今でも**目立つことを積極的に好んでいるわけではないが、一切抵抗感もない**ため、自然とそういう役回りが多くなっている気がする。

彼女も高校1年生くらいから普通に定期的にできるようになった。ただ、相変わらず地味で奥手であることに変わりはなく、ちゃらちゃらした感じに憧れたことは一度もなかった。

他方、勉強はほとんどしないようになっていった。地元では一番の進学校に入学していたが、高校3年間は野球ばかりで、まともに勉強せず、成績は中間くらいだった。

当時一つ上の兄が同じ高校におり、学校内どころか、県内で一番を取るような成績だったので、兄は勉強ができ、弟の僕はスポーツができて友達が多いみたいな評判だった。

これにいじけたわけでもプレッシャーを感じたわけでもなかったが、**僕は勉強を避け、自分の持ち味である野球と友達作りに一所懸命になっていった。**

これも今思えば、親からの影響が大きかったと思う。

この頃の父親は明らかに異常で、精神疾患の類いで病んでおり、モラハラな言動が毎日多々あった。

今と違い、精神的な不調に対する社会的な認識や理解も乏しく、父親本人もきちんと療養せずに、多少は病院に通っていたようだが、処方された薬もきちんと飲んでいなかったらしい。

頭ごなしに「勉強しろ」「野球は貴族がする遊びだから、おまえみたいなバカは野球をやめろ」みたいなことは日常的に言われていたし、僕の友人達にまで同じようなことを言っていた。

このような父親に反抗したかったのか、何が何でも勉強はしたくないと思うようになっていたのだと思う。

父親は、自宅ではいつも足音を立てずに僕の部屋の前まで来て、ノックもせずにいきなりドアを開け、僕が勉強していないことを確認すると怒鳴りつけるという野蛮な行為を毎晩し続けていた。そのため、僕は部屋にいる時もいつも息を潜めて、緊張しながら、父親のわずかな足音を聞き逃さないように暮らしていた。

その緊張感は僕が実家を出た後も10年程度は解消されずに、僕の心身に残っていた。

下らないが、家出をしたことも何度かあり、1か月程度帰宅しないこともあった。たかが田舎の高校生がやるようなものだが、16、17歳の高校生が1か月も自宅に帰らず、親と連絡も取っていないというのは、異常な状態であったとは思う。

**僕は、このように父親からの精神的な抑圧下にあったため、言われたとおりに勉強してしまうと、父親に何もかも支配されて人格を奪われてしまうような恐怖があり、逆に意地でも勉強してはいけないと思うようになっていたのだろうと思う。**

幼少期のイヤイヤ期のような単純な話ではなく、抑圧を受け入れることへの恐怖からの解放を必死に望んでいた状態だ。

高校3年生の夏が終わると、高校野球によって自分を輝かせることができなくなった。逆に周りの同級生達は受験に向けて勉強を本格化させていった。

当時、一番仲が良かったのは、後に僕が石巻で活動するきっかけを作ってくれた田中くんだ。

彼はリトルリーグからの幼馴染みで、高校時代は同じ野球部で毎日一緒に遊んでいたが、彼は野球だけではなく勉強も並行して頑張っていた。

それを見ながらも、僕は勉強に対するアレルギーが出ているような状態だったため、自分は勉強せず、ただ置いていかれるという思いや焦りから、田中くんの勉強を邪魔しようと不必要な遊びに誘ったり、勉強していることを揶揄する発言をしたりするようになってしまっていた。

彼は受験の1年前くらいまでは同学年で400人中300番台後半の成績だったにもかかわらず、急に勉強をすると言い出し、みんなから笑われながらも、意志を貫き、現役で早稲田《わせだ》大学と中央大学に合格した。そして、中央大学法学部に進んだ上、卒業と同時に司法試験に合格し、今は現役の裁判官をしている。「ビリギャル」の男子高生版といったところだろう。

僕は当時、彼に憧れていたのだと思う。

ただ、彼と同じくらい勉強に向き合う覚悟も真剣さもなく、また、親からの抑圧からも解放されず、僕は取り残され、ほとんどまともな勉強をしないまま大学受験に臨んでいた。

大学に進学して何を学びたいかも全く考えず、たまたま理科系の科目が少しだけ得意だったため、僕が合格できそうな中では偏差値の高そうな大学を適当に受験することにした。

そして、地元の国立大学である名古屋《なごや》工業大学に合格し、進学することになった。

僕が今でも誹謗中傷等で人の足を引っ張ることを過剰に嫌悪しているのは、過去の自分がそうだったことによる。**他人を邪魔したところで自分の人生は1ミリも好転しない。本当は頑張っている人に憧れ、嫉妬していることを隠し、もっともらしい理屈をつけてターゲットを攻撃することが、なんて虚しく恥ずかしいことなのか、身をもって体験したのだ。**

1999〜2003年
18〜22歳

## 目的意識を持てずに惰性の日々だった大学時代

進学した名古屋工業大学は、国立大学で、一応偏差値が60くらいはあったような気がする。そこまで底辺の大学というわけではない。卒業生はトヨタ自動車やパナソニックのような、大手メーカーやそのグループ会社に就職していた。

しかし、**僕は何の具体的な目的も意図もなく、この大学に入ってきてしまったため、勉強するモチベーションは何もなかった。大学を辞めたいといつも思っていた。**

高校時代と異なり、何にも熱中していなかった僕は、輝きもなく、積極的に友達を増やすこともしなかった。

大学には最低限出席し、過去問や過去のレポートの丸暗記や丸写しで単位だけ取っていくという惰性の大学生活だった。

せめてキャンパス外で楽しもうと、バイトをしまくり、それで貯《た》めたお金でバックパッカーをしていた。

バックパッカーは、今でこそネットで簡単に情報が検索できて、簡単にどこにでも行けるが、当時はネットで情報を検索するという習慣がまだなかった。そのため、まず現地に行った上で生の情報を得ながら旅していくしかなかった。

**そんな不便な旅には当然たくさんのトラブルが発生する。しかし、その度にトラブルを解決していくことで、度胸はついたし、人間力や問題解決力、好奇心は随分向上したと思っている。これはこれで、僕にとっては十分な成功体験の一つとなった。**

大学に行ってからも中途半端に野球への未練があり、草野球だけは続けていた。

それまでの僕にとって唯一輝ける場所だったから、それにすがっていたのだと思う。

結局、大学4年間は惰性で過ぎていき、人より熱中したことと言えば、バックパッカーとして20か国くらい旅したことぐらいだったと思う。

この頃すでに田中くんの活躍は耳にしており、彼は司法試験の勉強を頑張っているようだった。会う度に会話の内容が大人になっていくのを感じ、ますます焦ると共に、今更そっちの世界に行ったところで追いつけないと思い、**自分と彼との差を見て見ぬ振りをし続けていた。**

そして、そのまま目的意識もないまま大学を卒業するが、就職活動にも身が入らず、卒業間際のドタバタに、住宅リフォーム業の株式会社オンテックスから飛び込みの営業職の内定をもらって就職するも、わずか2か月で退職してしまうのだった。

2003〜2005年
22〜24歳

# 父親の死をきっかけに人生を変える意識を持ったフリーター時代

大学卒業後、3か月目にして、僕はフリーターとなってしまった。

田中くんからは司法試験に合格したという報告をもらっていたので、圧倒的に差がついてしまった今になって、何を頑張ろうというのかといった投げやりな気持ちもあった。

他方、草野球を続けていて、これが楽しく、本当にこの時の生活には何の不満もなかったのも事実だ。

僕は、兄二人がエリートっぽかったこともあり、僕も何か立派な社会人にならなければという思いが少しだけあった一方、いつまでもフリーターで好きな草野球をし続けることに何の問題があるのかとも本気で思っていた。

**今思い返しても、どちらでも良かったんだろうなと思う。正解の選択肢は決して一つではない。**

とはいえ、田中くんは幼馴染みで、ずっと同じ野球部で仲良くしてきたのだから、できれば彼のように、社会に何か生産性をもたらすような人間になりたいとも思った。

また、僕が惰性で過ごしていた大学の同じクラスに、吉田大成《よしだたいせい》という友人がいた。彼は、新卒でヤフー株式会社に入社したが、すぐに辞めてしまい、周りから勿体《もったい》ないと散々言われていたものの、転職したのは当時従業員がまだ20人くらいしかいなかったGREE株式会社で、その後、GREEの取締役まで務め、今はDELISH KITCHENという料理レシピの動画サービスを展開する株式会社エブリーを創業している。

一時は僕と同じ環境にいた彼らが飛躍している一方、僕は大切なことから逃げてしまっているような気がしていた。

しかし、いざ何かに頑張ってみようと思ったところで、どうせ周回遅れの僕が今から走り出したところで彼らには追いつけないと思ってしまっていた。

ボーリングでたとえたら、彼らは3フレーム目くらいまでストライクを連発しているのに、僕はずっとガターだ。残りをどう頑張っても逆転できそうにない。

そうは言っても、**人生は10フレームと決まっているわけではない。また、僕の人生は彼らやその他の人達との比較競争ではない。僕自身の人生として、僕が選べるレンジの中で少しでも豊かなものにしていければそれで良いのだ。**

僕はそう思い、今からでも何かに頑張ってみようと思った。こう思えたのは、野球やバックパッカーを通じて僕なりに一定の成功体験があったからだと思う。自分なりの過去の小さな成功体験が今の自分を奮い立たせてくれる。やればできるはずだと少しだけ思うことができた。

そして、当時、女優の常盤《ときわ》貴子《たかこ》さんと深津《ふかつ》絵里《えり》さんが出演している「カバチタレ!」（2001年、フジテレビ）という行政書士のテレビドラマがあった。僕はこれを見ていて、法律って面白いなと思うようになっていた。

本当に思いつきだったのだが、田中くんは裁判官になるが、僕はそこまでではなくても行政書士くらいならなれるのではないかと、試しに行政書士の勉強でもしてみようと思ったのだ。

そして、実際に行政書士の勉強をし、試験を受けてみた。

結果は惨敗で、その後も合わせると行政書士の試験には計3回落ちることになるのだが、生まれて初めて自主的に取り組んだ勉強は、想像とは違い、辛《つら》さは全くなく、とても楽しく感じたのだ。

もしかしたら、これまで取り組んでいなかっただけで、勉強とはとても楽しいものなんじゃないかと初めて感じた瞬間だった。

そして、田中くんにこの頃新設されて話題となっていたロースクールについて質問してみた。すると新しい制度だし、興味あるなら挑戦してみたらと言ってもらえた。

僕が弁護士を目指したのは様々な複合的な理由によるものだが、そのうち比較的大きな理由をお話しするとこんな感じだ。**弁護士という職業自体に特別な興味があったわけではなく、たまたま同級生で憧れの対象となっていた田中くんが裁判官になることと、たまたま好きだったドラマが行政書士に関するものだったというだけだ。**

ただ、もう一つ、このタイミングで僕が自分の人生を変えていこうと思った大きなきっかけは父親の死だ。父はガンとの闘病生活の末、僕が23歳の時に亡くなった。

僕はようやく抑圧から解放されたと思った。

僕が何かに頑張ろうとしても、父親は自分の指導の功績かのように話す人物だったため、決してこんな人物の思いどおりになりたくないと思ってきたが、そんな余計な思いをしなくても良くなった。

単純に自分がやるべきと思うことに向き合っていくきっかけとなった。

このように**人をやる気にさせるのは、特別な理由など必要ではなく、何となくやってやろう**

**じゃないかという覚悟や、ふとしたきっかけで十分なのだ。**

2005～2008年
24～27歳

# 全ての結果責任は自分にあると考えるようになったロースクール時代

ロースクールは関西大学の3年コースに入学した。法学部出身者を中心に一とおり法律を勉強してきた人は2年コースで、そうでない人が3年コースだ。

進学先はどこでも良かったが、高校まで三重県、大学が愛知県だったので、できれば知り合いのいない新しい土地で一からやり直したいと思った。

そのため、東京と大阪の私大を中心に受験したところ、初めに合格をもらえた関西大学への進学を決めた。

ロースクールに入り、いざ授業を受けて勉強を始めると本当に楽しかった。

**毎日ずっと楽しく、3年間、一度も苦痛を感じず、やめたいと思うこともなく、ストレスも全くなかった。**

これまでの人生で一番楽しかった時期を聞かれると、司法試験受験生の3年間だと言えるほど、楽しく麗しい期間だった。

僕はそれまで、野球やバックパッカーや友達作りに熱中してきたが、勉強というい わば王道のものに向き合ったことがなかった。初めての勉強だったからなのか、それが自主的に選んだものだったからなのか、父親から解放されたからなのか、少しでも田中くんに近づけると思ったからなのか、ともかくとてもとても楽しかった。

そして、僕は勉強はしてこなかったが、好きなものに熱中する経験だけはあった。そのため、好きになった勉強にはどんどんのめり込んでいくことができた。

僕がロースクールに入学したのは制度が設立されて2年目だったが、この頃はまだ旧司法試験といわれる旧制度の試験を受験してきた組と、ロースクール制度による新司法試験といわれる試験に初めて挑戦する組とに分かれていた。

旧試験組は、ある程度勉強が進んでいたことから、ロースクールで初めて勉強を始める僕のような初学者に対して勉強を教えようとしてきた。僕の同級生の中には、そのような旧試験組の教えを聞き、ゼミを開いてもらっている人もいた。

しかし、**僕は、絶対に関わらないようにしていた。**

なぜなら、その人達は自分達の同級生が何千人も合格していった中、落ちてきた人達だからだ。司法試験なんてたかが資格試験だ。合格した人が優秀で、不合格だった人がそうではなかったという以外の区別はない。それにもかかわらず、司法試験業界では、優秀なのに合格できないといった言い方を平気でする人が非常に多かった。

**落ちたという事実以外に何もないのに、その原因を自分の努力不足ではなく、試験の難しさのせいにしているだけだと思っていた。**

僕は、ロースクール入学早々からこんな態度だったので、多分周りからは嫌われていただろう(笑)。卒業してから友人に笑い話で聞かされたのが、匿名掲示板にはロースクールごとのスレッドが立てられており、そこで僕は散々悪口を書かれていたそうだ。

しかし、楽しみに入学してきたロースクールで、言い訳ばかりの学生が大量にいたことで本当にガッカリしていたのだから仕方がない。物事が成就するか否かの原因を自分だけに求めていくことは、少しでも成功確率を高めるためには絶対的に必要なことだ。

例えば、試験が近づいてくると、体調を崩す人達が続出した。これは弁護士でも同じで、プレッシャーのある環境に置かれると病み始める人が必ずいる。そして、体調さえ戻れば何とかなると平気で口にする。

しかし、メンタル含めて心身を鍛えて体調を整えるのは当然に勉強や仕事の一部だ。

**僕は、ロースクール期間中も継続的に運動し続けていたし、メンタルバランスを整えるため**

**に生活には勉強だけではなく遊びも取り入れ、また、イメージトレーニングを常にしていた。**

いつも合格することを具体的に思い描いて過ごしていたし、学内のパソコンのログインパスワードはshuseki1（首席1番の意味）にして、入力する度に自分が一番だと思い込むようにしていた。アスリートの表彰台では真ん中が一番であることから、トイレ等でもいつでも真ん中を使うのと同じだ。

僕は、司法試験の本番直前ですら、本当に1番で合格する夢を見て、ワクワクしながら目覚めていたくらいだった。

こういう日々のメンタルトレーニングもせずに、試験が近づいてきて体調を崩すなんて、言語道断だ。

さて、司法試験の本番は、問題を見るや、その難しさに「出題者もやるな」と思いつつ、考えればどんどん理解できて、解答がスラスラ書けてしまう自分に、改めて3年間よく頑張った、お疲れ様という思いと、自分に対する胸キュンのときめきから、心臓の鼓動が激しくなり過ぎて、左手を胸に当てて揉《も》んで落ち着かせながら、右手で答案を作成していた。

それぐらい司法試験本番はワクワクして楽しく、試験中にウキウキで肩が浮いてしまうほどだった。

試験期間は4日間あるが、3日を終えた時点で、最終日は最低点でも合格できるだけの確信があった。最終日は、交通事故等の不慮のトラブルに遭わずに会場に到着しさえすれば絶対に合格だとわかっていたので、会場に到着するや否や、嬉しさで泣き出してしまった。それぐらい合格イメージが具体的にできていた。

試験終了後は、当然合格しているため、試験の数日後から３か月間、南米にバックパッカーに行き、合格発表時も海外にいたので、友人に見てもらったら、やはり合格だった。

さらに成績表も届いたが、出願者数７８４２人中、56位というまずまずの順位で合格していた。

そういえば、ロースクール在学中、僕は手術を受けた。

高校生の時から、ＩｇＡ腎症という今では難病指定されている慢性腎炎を患っていた。健康診断では常に尿潜血《にょうせんけつ》が２＋や３＋の状態が10年以上も続いており、毎食後に薬を飲み、塩分を控えた生活をする等の生活制限があった。

弁護士になる前に、この病気を何とか治しておきたいと思い、当時大阪では慢性腎炎の治療で有名だった庄司繁市《しょうじしげいち》先生に相談し、手術を受けることにした。それはステロイドパルス療法と呼ばれている、扁桃腺《へんとうせん》の摘出手術をした後、ステロイド薬を３日連続で点滴し、その後、退院から数か月間、隔日でステロイド薬を内服し続けるというものだ。

ロースクール２年目の冬に、扁桃腺摘出手術をし、２週間ほど入院した後、自宅で２日に１

度のペースでステロイド薬を服用したが、服用日は体が極度にだるくなり、ベッドから起き上がることさえままならなかった。

そのため、僕は学校から徒歩1分の安アパートに引っ越し、ステロイド薬を服用した日は、出席が必要な授業のみ出席して、後は自宅で寝ているという生活をするようになった。

これは8か月くらい続いたが、この間、2日に1度しか勉強ができない状態だった。

受験勉強に限らず、自分の環境について、あれこれと不平不満を言う人がいる。

僕も、もしかしたら慢性腎炎のせいでハンディを背負っていたのかもしれないし、思い返せば、出生時も未熟児で小学校低学年くらいまでは体が小さかった。

しかし、**自分で変えられないものに文句を言っても仕方がなく、これを前提に結果を出すしかないと思い込んでいた。**

そのため、特に自分が不利だという意識を持たなかったし、本書を執筆していても手術したことさえ忘れていて、後から思い出して盛り込んだくらいだ。

不公平を受け入れ、与えられた環境の中で結果を出すと覚悟を決めるしかないのだ。

このような考えを持つようになり、年々深めていったことが、後に「日本一稼ぐ弁護士」と自称する程度の成果を上げることに繋がったことは間違いない。

第17章

# 日本一稼ぐ弁護士の最強メンタル

――自分の活動を振り返って

有名人でも偉人でもない僕が、自伝でも書くかのように自分の人生を振り返ってしまったが、最後に自分のこれまでの活動について、読者の皆さんに総括をお話ししたいと思う。

## 忙しいと言わず、スピードと量を常に最重要視する

**仕事でも遊びでも、多くのことに挑戦して達成していくためには、スピードと量が最も大切だ。**

生まれ持った人の能力に大きな差はないが、スピードと量により多くの経験をこなしていく中で能力とチャンスの回数に差がついていく。

そのためには絶対に忙しいと言わずに、仕事だろうとプライベートだろうと、多くの誘い、チャンスを引き入れ、片っ端からこなしていく必要がある。

今日から3年間、一度も「忙しい」と言わずに毎日を過ごしたら、必ず人生が変わる。

僕は、仕事も遊びも、同時並行で多数のことに挑戦してきたおかげで、お金を稼ぎつつ、

好きなレストラン巡りや旅行にも行きまくっている。

**行動をすればするほど、行動をすることで得られるメリット（お金、経験、人脈、思い出等）を実感していくし、それらは複利で膨れ上がっていく。**

その結果、ますますフットワークは軽くなり、意識もポジティブになっていく。

他方、行動をしない人は、行動するメリットを実感しておらず、成功体験が全く積み上がらないため、行動することによるデメリットにばかり目がいく。その結果、行動をせずに賢者ぶって口だけ達者になっていく。

**運が良い人とは、運に恵まれる機会を増やした人だ。**そのために、スピードと量を常に最重要視しなければならない。

世の中のことも他人のことも変えることはできないが、自分だけは確実に変えることができる。そうすれば、自分が見える世界だけは少しずつ変わっていく。

# 現実化していないリスクのことは考えない

多くの人は、起きてもいないリスクのことを考え過ぎている。

起きるかもしれないリスクが10あるとして、このうち実際に起きるリスクは1しかないかもしれない。いや、もっと低い確率だろう。

そのため、**実際には起きなかったリスクのために不安を感じ、対策をしたコストは無駄だったことになる。**例えば、予想する10のリスク全てに対応した場合には、起きなかった9へのコストは全て無駄になり、起きた一つのリスクに対応した力は10分の1に分散したものとなってしまう。

そうではなく、**現実化するかもわからないリスクには一切神経を使わず、実際に起きたものにだけ10の力で対応すれば良い。**起きるかもしれないリスクに使う力を、実際に起きて「タスク」になったものだけに注力するのだ。

同じく、自分がコントロールできないことは一切考える必要がない。それは対処ができないという意味で、向き合う必要のないリスクだ。

**まず行動してみて、抽象的なリスクが現実的なタスクになったもののうち、自分がコントロールできるものにだけ力を注げば良い。**

## 自分の、自分による、自分のための人生を大切にする

多くの人は、人の目を気にして、自分を主人公とする人生を送れていない。

Xで著名人にウザ絡みし続ける人生を送っている人は論外だが、**普通に社会生活を送っている人にも、自分中心の人生を送れていない人は非常に多い。**

多数派や前例に合わせて物事を選択する癖がついていくと、サンプルがなければ何も自分で判断できず、世の中の抽象的な最大公約数の顔色をうかがい続ける人間になってしまう。

それでも、例えば選択肢が三つしかない時代であれば、限られた選択肢同士を比較して消去

法で自分の好きなものを選べたかもしれない。

しかし、現代のように誰にでも無限の情報が行き渡る世の中では、選択肢は無数にあり、自分にとって何が良いかを自分の価値観に基づいて選んでいく必要がある。消去法で自分の楽しみを広げていくことはできない。

そのためには、**日頃から、自分の、自分による、自分のための人生を意識して大切にしていく必要がある。**

すなわち、自分の評価軸を前提に、自分を主人公とした、自分にとって最善の人生を送ろうという意味だ。他人の評価を気にした人生を送ったところで、どうせ全員から賛成してもらうことはできない。

それなら、**自分と自分の好きな人とだけ理解し合って、お互いに幸せになれる人生を目指していくべきだ。**

# 成幸を大切にする

成功という言葉があるが、**そもそも成功とは何だろうか。**

一般的にはお金を稼いだり、社会的地位を築いたり、知名度や影響力を高めたりすることなのかもしれない。

しかし、極端な例だが、エベレストに登ってしまえば、途端にお金も知名度も意味のないものになってしまうように、それらは社会からの評価を前提とする成功だ。

それらが本当に自分自身を幸せにするものかはわからない。

むしろ、闇雲にお金を稼ぐことばかり考えて、大金持ちになった結果、その後何をしたいかがわからなくなってしまっては本末転倒だ。お金も知名度も、仕事自体も、所詮は自分の人生を楽しく生きるためのツールでありクーポン券に過ぎない。

それよりも、**自分の「幸せ」を「成す」という意味で、「成幸」という考えを大切にし、自**

**分が本当に幸せと思える人生になっていけるように意識すべきだ。**

僕は、弁護士となり、一定の経済力を得たが、これはツールに過ぎない。それよりも、仕事自体が楽しくて取り組んできたし、ほかにもレストラン巡りや冒険や旅をしたかったから、時としてお金稼ぎを投げ捨ててしまい、あるいは、同時並行的に楽しみ続けている。

2回のエベレスト登頂を含めて、世界七大陸の最高峰に登頂し、約180か国を旅し、世界の三つ星レストランを全て巡り、まさに地球を楽しんで謳歌《おうか》している。

**自分が楽しいかどうかを基準に生きていけば、一般的には失敗といわれるような出来事に対しても、成幸したと感じられることも出てくるし、結果を気にせずに何にでも挑戦できるようになる。**

そのようにして、より多くの物事に対して、楽しみや幸せを感じられる人柄を形成していくことが、人生を一層豊かにするのだろうと思う。

特に今後AIの発達により人々が労働から解放され、社会や市場での結びつきが弱くなっていく。そうなれば、今以上に社会や市場を基準とする価値観ではなく、自分自身が自分をどう感じるか、自分をどう楽しませるかに重点を置くようなライフスタイルが大切になっていくだろう。

読者の皆さんも、本当に自分がしたいと思う人生を歩んでみて欲しいと思う。

そして、もし本書を読んでいただいた方で、何か少しでも面白いと思ってくれたら、ぜひ皆さんが日々感じている「成幸」を共有して欲しいと思う。

SNS全盛の現代には、他人を腐す発信が満ち溢れているが、**もっと楽しみを共有し、自慢し合い、褒め称《たた》え合えるような世の中であって欲しいと思う**。それでこそ、もっと多くの人が気軽に自分の人生における「成幸」を探し、共有し、挑戦し続けられるのではないかと思う。

# おわりに

## 仕事やお金は人生のツールに過ぎない

僕が生まれてから直近までの自伝のようなものを書くことになってしまった。

特に有名でもなく、狭い業界内でのわずかな実績や知名度しかない僕がこんな大それた一冊を上梓《じょうし》することに抵抗がなかったわけではない。

世間一般に、幅広い知名度があり、広く知られた実績もあるような人だと、人生の総論的な本であっても読者には興味を持ってもらえる。その人自体に価値があるからだ。

しかし、僕ぐらいだと、僕が著者という理由だけでは興味を持ってもらえず、その内容次第となる。

そして、テーマは狭ければ狭いほど一定層には興味を持ってもらえる。人生論よりは勉強法、勉強法よりは司法試験勉強法、司法試験勉強法の中でも理系出身上位合格者による司法試験勉強法みたいな感じで狭めていった方が、リーチ範囲は狭くなるが特定層には刺さる。

そのため、拙著『日本一稼ぐ弁護士の仕事術』は人生論ではなく仕事術という切り口で様々な考え方をお話しするようにしたが、本音で言えば、仕事やお金なんて究極的には人生の目的ではないと思っていた。

キャッチーなワードが必要なので、「日本一稼ぐ」「仕事術」といったワードを盛り込んでいたが、仕事術の振りをして実際は人生を楽しむマインドセットについてお話ししているつもりだった。

今回も、一般に興味を持たれやすい仕事やお金に絡めつつも、人生を楽しむ「成幸術」を一所懸命お話ししてみた。ただ「成幸」という言葉を使った本は、何となくスピリチュアルな匂いがするからなのか、過去の売れ行きが芳しくないようで、タイトルには入れなかった。

人生の総論的な話に広げようとすれば深度が浅くなってしまうので、なるべくエピソード中心にして各テーマの解像度を上げようとした結果が、自伝式の内容となった。

最後に、書籍出版の目的はリアルに価値観を共有できる人と繋がっていくことです。何か面白いと思っていただいた方がいれば、SNSでご連絡いただければ必ずお返事を差し上げたいと思います。どうぞよろしくお願いいたします。

福永《ふくなが》活也《かつや》

日本一稼《かせ》ぐ弁護士《べんごし》の最強《さいきょう》メンタル
お金《かね》と自由《じゆう》を手《て》に入《い》れて人生《じんせい》を劇的《げきてき》に変《か》える方法《ほうほう》

2024年10月11日　第1刷発行

著　者　福永活也《ふくながかつや》

ブックデザイン　小口翔平＋後藤司＋稲吉宏紀（tobufune）
本文DTP　サカヨリトモヒコ
編　集　片岡あけの

発行人　岡﨑雅史
発行所　株式会社 清談社Publico
〒102-0073
東京都千代田区九段北1-2-2 グランドメゾン九段803
TEL：03-6265-6185　FAX：03-6265-6186

印刷所　中央精版印刷株式会社


ISBN 978-4-909979-69-8 C0030



https://seidansha.com/publico
X @seidansha_p
Facebook https://www.facebook.com/seidansha.publico